ビジネスに成功する
英文レターの書式と文例
Format and example of an English letter

プレスリリース・請求書から契約書・研究報告まで

監修
大井恭子
加藤　寛

著者
井上幹子
小野尚美
加藤澄恵

まえがき

　時代は「書く」時代となっています。
　メールやブログというツールは我々にとり大変身近なものになり、さらにビジネスの世界においても電話等を使った口頭での商取引から、きちんと記録が残せる「書く」ツール、すなわち文書や電子メールへの依存度がますます高まっています。
　海外との商取引は貿易会社だけの話ではなく、一般の会社にも広がり、英語のビジネス文書をやりとりできる実務能力へのニーズが高まっています。また、海外の他社との取引の際に英語の文書が必要という時代から、国内においても外資系の会社との取引においては英語のビジネス文書が求められる可能性が大きくなってきました。日産の例をあげるまでもなく、ある日突然あなたの会社の社長に外国人が就任し、したがって、社内文書も英語になる、ということも決して想定外のことではないような情勢です。
　でも、心配は無用です。ビジネスにおける文書には、日本語でも基本の「ひな型」があるように、英語にもある程度の書式があります。その書式とコツさえ覚えれば、どんな文書でもそれほど悩まずに作成することができるようになるはずです。
　本書では、第1章で、ビジネス文書を書く際に必要な「心構え」を紹介しました。ここで、英語でビジネス文書を書く際の基本的な姿勢を大まかに会得してください。
　そして、第2章ではビジネスレターでよく使われる用途別の「テンプレート」（ひな型）をいくつか紹介しています。ここで、目的・用途別の文書の骨組みを理解してください。
　本書の中心をなす第3章と第4章では、社内用のレターと社外用のレターを幅広く集め、それぞれ最も一般的な文書を基本として提示し、それに関連する表現をふんだんに用意して、応用がきくように配慮しました。特に第4章では、様々な用途別に英文ビジネス文書を例として説明した上で、最新の実例表現をふんだんに取り込み、さらに覚えておくと便利な文書作成のコツを"Writing Tips"として取り上げてあります。

IT（情報技術）化の進展、とりわけインターネットの普及によって、ビジネス・パーソンは、出社後すぐに電子メールのチェックから始まるのが日常となっていると思われます。海外のみならず国内でのビジネスにおける連絡も、かつては電話やFAXなどで行っていたものも、現在では電子メールが主流になっています。したがって、何より「書く力」が求められる世の中となってきました。
　「文は人なり」といいます。ビジネス文書は会社間のコミュニケーションとも言えますから、きちんとした文書を作るのが何より大切でしょう。この本はそうした目的に合致するよう、執筆者一同、心をこめて作成しました。
　大事なビジネスでの成功をかけた文書です。この本を手にしたビジネスピープルが、この本を駆使し、ビジネスを成功に導いていっていただけることを願っております。

2008年7月

執筆者一同

◀ 目　　次 ▶

まえがき　　3
本書の構成について　　8

第1章
論理的に英語を書く技術　　9

1. 論理的に書くことの重要性　　10
2. 書き始める前に　　11
   情報を整理し、論理的に書くことを心がけよう
3. 英文ビジネス文書の書き方　Step 1　　14
   最初に文書の目的を明確にする
4. 英文ビジネス文書の書き方　Step 2　　19
   文書を書いた理由を詳細に説明する
5. 英文ビジネス文書の書き方　Step 3　　26
   論理的に相手を説得する文書の書き方

■コラム①　「英語の肩書きにはご注意を！」　　30

第2章
英文ビジネス文書でよく使うテンプレート（ひな型）　　31

ビジネスレターの体裁　　32
　1. Full-Block Style（完全なブロック体）　　32
　2. Semi-Block Style（半ブロック体）　　34

テンプレート 1　請求書の書き方（Bill）　　36
テンプレート 2　ファックスの書き方（Fax）　　38
テンプレート 3　領収書の書き方（Receipt）　　40
テンプレート 4　請求書／明細書の書き方（Bill / Accounts / Statement）　　42
テンプレート 5　Eメールの書き方（E-mail）　　44
テンプレート 6　社内回覧の書き方（Interoffice Correspondence）　　47
テンプレート 7　議事録の書き方（Meeting Minutes）　　50

テンプレート8　レジュメの書き方（Résumé）　　　　　　　53

■コラム②　「言葉選びは正確に！」　　　　　　　　　　　　　56

第3章
目的別・英文ビジネス文書最新実例集　　　　　　　　　　57

　　社外発表　Press Release / News Release　　　　　　　58
　　日程調整　Rescheduling　　　　　　　　　　　　　　62
　　調査結果報告　Research Findings　　　　　　　　　　66
　　社内規定　Office Regulations　　　　　　　　　　　70
　　機器等の使用規定　Use Policy on Devices　　　　　　74
　　稟議書　Request for Approval　　　　　　　　　　　78
　　表彰　Official Commendation　　　　　　　　　　　82
　　始末書　Written Apology　　　　　　　　　　　　　88

■コラム③　「フォーマルな言い方の効用！」　　　　　　　　92

第4章
用途別・英文ビジネス文書最新実例集　　　　　　　　　　93

　　採用通知　Notification of Appointment　　　　　　　94
　　業務報告　Business Report　　　　　　　　　　　　98
　　業務改善提案　Business Improvement Proposal　　　102
　　研究報告　Press Release　　　　　　　　　　　　　106
　　礼状　Letter of Appreciation　　　　　　　　　　　112
　　書類・資料等の送付の案内　Letter of Transmittal　　　116
　　見積書　Quotation　　　　　　　　　　　　　　　120
　　注文書　Order Form　　　　　　　　　　　　　　124
　　支払い督促状　Overdue Payment Reminder　　　　　128
　　懇談会、セミナー、会合などへの招待の文書　Letter of Invitation　132
　　詫び状　Letter of Apology　　　　　　　　　　　　136
　　業務引継ぎ案内　Introduction of Successor　　　　　140
　　契約書　Contract　　　　　　　　　　　　　　　　144

承認・同意を示す文書　Acknowledging Requests	150
値上げ等のお知らせ　Announcing Bad News about Prices or Services	158
相手に行動を起こすことを促す文書　Asking for Action	162
相手の承認・了解を求める文書　Asking for Approval	166
相手に説明を求める文書　Asking for Clarification	170
相手の返事を求める文書　Asking for Responses	174
相手の誤解を解く文書　Clearing up Misunderstandings	178
了解事項などを確認する文書　Confirming	182
祝辞を述べる文書　Congratulating	188
悪い知らせを伝える文書　Conveying Bad News	192
相手の要求を断る文書　Declining Requests	196

第3章・第4章で紹介した用途別表現例　　200

■コラム④　「Eメールの出だしと結びの言葉」　　202

■ビジネスレターで使える表現集　　203

あとがき　　222

◀ 本書の構成について ▶

本書は、ビジネスレターの書式を次のような構成で編集してあります。

第1章　論理的に英語を書く技術

ここでは、英文ビジネスレターを書く際の心構えを、異文化コミュニケーションの立場から解説しています。読み手に理解されやすい、またこちらの意図を受け入れてもらいやすいビジネスレターを書く上で、基本となる内容です。

第2章　英文ビジネス文書でよく使うテンプレート（ひな型）

ここでは、請求書やFAX、領収書、明細書、Eメール、社内回覧、議事録などの書式を簡単に説明しました。レターに記載する内容などが一目でわかるようになっています。正式なビジネスレターでは、記載する項目に漏れがないように注意することが大切です。

第3章　目的別・英文ビジネス文書最新実例集

第3章と第4章が本書の中心になります。各項目とも例外を除き4頁で構成し、英語例文、日本語訳文、覚えておきたい表現、の順に掲載してあります。

ビジネスレターでは、効果的にこちらの意図を相手に理解してもらうためにも、手紙の構成を明確にすることが最も大切です。この点、本書では英語例文は各段落の構成が一目でわかるように工夫してあります。

「覚えておきたい表現」コーナーでは、各項目に関連する表現を多数紹介しました。英文ビジネスレターの例文中の表現を用途に合わせて適宜置き換えれば、どなたでも簡単にビジネスレターが作成できるようになっています。

第3章ではプレスリリースの書き方、調査結果報告書など、主として社内用に使う文書を中心に紹介しました。

第4章　用途別・英文ビジネス文書最新実例集

ここでは、書類送付の案内、詫び状、値上げのお知らせなど、主として用途別の「社外用のビジネスレター」を集めて紹介してあります。いずれもビジネスシーンで必要になるものばかりです。役に立つビジネスレターの実例と最新の関連表現を厳選して紹介しました。

第1章

論理的に英語を書く技術

1.	論理的に書くことの重要性	10
2.	書き始める前に	11
3.	英文ビジネス文書の書き方　Step 1	14
4.	英文ビジネス文書の書き方　Step 2	19
5.	英文ビジネス文書の書き方　Step 3	26

1. 論理的に書くことの重要性

　この章では、英文ビジネス文書を書く上で重要視される論理展開の仕方を紹介します。この方法は英文ビジネス文書を書く上で基礎となるだけではなく、効果的な話し方においても基本となる考え方です。英文文書を作成するだけでなく、英語でのスピーチ、プレゼンテーション、交渉にも役に立つ思考法というわけです。

　まず、英文ビジネス文書を書くということの目的は何でしょうか？

　それは、読み手であるお客様とうまくビジネスを進めたいということかもしれませんし、また、すばらしいプランをうまく相手に伝えたいということもあるでしょう。スムーズにビジネスを進めたり、すばらしいプランを相手に伝えるためには、英文ビジネス文書を、読み手に主旨を理解してもらい、納得してもらうような文書に仕上げなければなりません。一般に、読み手が読みやすく、理解しやすいと感じる文書は、筋道が通っている文書、すなわち論理的な文書であるといわれています。

　それでは、**論理的に書く**ということはどういうことなのでしょうか？

　たくさんの情報、錯綜した思考をわかりやすくまとめ、文化的・社会的背景が違う相手に理解してもらうこと、それこそが論理的に書く、話すということです。「何を言いたいのかわからない」、「要するに何が言いたいの？」と言われず、「彼の話はよくわかる」、「彼女の書いた文書は論理の筋が通っていてわかりやすい」と言われるようになるためにも、**論理的な思考能力**を身につけましょう。

　あなたが文書を送った相手は世界を飛び回るビジネスマンかもしれません。その相手にわかりづらい、いかにも時間がかかりそうな難解な文書を送ってはいけません。ビジネスの場面において、文書を書くということは読み手とのコミュニケーションを行う一つの道具と考えられます。このコミュニケーションを円滑に行うことは、ビジネスを成功させる一つの鍵だといっても過言ではありません。

　ここ数年の急激な企業のグローバル化に伴い、英語でのコミュニケーション能力が必要となってきています。企業でやり取りされる文書が英文となり、商談やプレゼンテーションも英語で行い、電話では英語で会話をする、現代はそんな時代です。居酒屋で隣に座っている同僚がアメリカ人やインド人といったことが現実に起こっているのです。文化的な背景が違う相手と上手にコミュニケーションをとるには、相手にこちらの意図を理解してもらえる文書を書き、伝える必要性があります。この章では、企業の国際化に向け世界で通用するビジネススキルを身につけることを目的に、論理的に英語を書く技術を紹介したいと思います。

2. 書き始める前に
情報を整理し、論理的に書くことを心がけよう

　まず最初に、英文ビジネス文書を書く前に必要なことを説明しましょう。
　英文ビジネス文書を書き始める前に、書き手であるあなたはまず、読み手である相手に「何が言いたいのか」「何を伝えたいのか」にかかわる情報の整理をしましょう。情報が錯綜した文書を読まされる相手のことを考えてみてください。そんなビジネス文書を受け取った世界を飛び回るビジネスマンは、「いったい何が言いたいのだろう？」とわからなくなり、そして「解読するくらいなら読みたくない」という気分に陥り、その結果、コミュニケーションがうまくいかず、ビジネスの失敗につながってしまうこともあり得ます。

　それでは、どのように**情報の整理**をすればよいのでしょうか？
　英文ビジネス文書を手にする相手は、あなたと違った文化背景を持つ人々かもしれません。必ずしも同じ文化を共有した相手とは限りません。それでは、同じ文化を共有するとはどういうことでしょうか？　情報整理法を紹介する前に、寄り道をして、ちょっとこのことを考えておくことにしましょう。
　文化人類学者のエドワード・T・ホールが"Beyond Culture"という著書で、ハイコンテクスト文化とローコンテクスト文化について説明しています。コンテクストとは、文脈、前後関係、背景、状況を表します。
　ハイコンテクスト文化の特徴は、文化背景の共有性が高い文化で、お互いの意思を察しあうことで通じる文化のことです。一方、ローコンテクスト文化は、言語によるコミュニケーションを望むので、おのずから論理的思考能力、説明能力などを必要とする文化のことです。
　次頁の図をご覧ください。日本はいわゆるハイコンテクスト文化で、また、韓国、中国などもこの部類に入るでしょう。言わずとも場の雰囲気でわかる文化ですね。このような文化では言語に頼ることがなく、聞き手が話し手の考えを察する能力が発達するわけです。あなたは以前、あ・うんの呼吸で会話をした経験がありませんか？　あなたの上司に、「佐藤くん、先週話したあの件は…」と言われ、そこで、あなたは察する能力を最大限に発揮し、「はい、あの件ですね」と会話をした経験はありませんか？　これは日本などのハイコンテクスト文化に特有の文化的な状況です。
　一方、ローコンテクスト文化の国とは、アメリカやヨーロッパの国々です。アメリカは人種のるつぼです。たくさんの国々から移民してきた人同士が暮らして

います。例えば、アメリカで働くあなたの会社のデスクの隣にいるのは、プエルトリコからの移民者ロバートさんだったり、会社の受付の女性は、アイルランドから移民したキャシーさんだったり、毎日通っているスポーツジムのインストラクターは中国からの留学生リーさんだったりするのです。それぞれ文化の違う相手にこちらの言いたいことを伝えるには、自然と論理的に話すという話し方が身につきます。言い換えれば、論理的に話さなければ、こちらの意図がわかってもらえないというわけです。

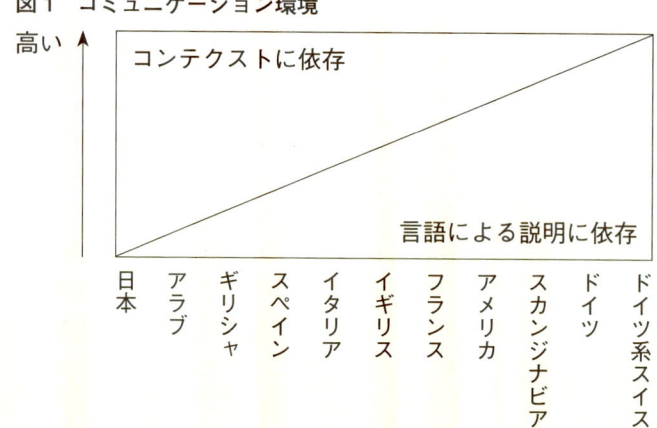

図1　コミュニケーション環境

R. E. Porter & L. A. Samovar（*Intercultural Communication* より）

　ここで付け加えておきますが、同じハイコンテクストだからといって日本人と中国人が、あ・うんの呼吸で理解しあえるということではありません。同じコンテクストを共有していない日本人と中国人の間では、話さなくてもわかりあえるという状況は生まれません。あくまでもコンテクストが同じである場合にのみ、多くを語らなくとも言いたいことがわかりあえるのです。このことはまた、どちらの文化がいい悪いということでもありません。言いたいことを伝える相手のコンテクストを理解し、わかりやすく伝えることが重要であるということです。

　これでおわかりになったと思いますが、文化的背景の違う相手にこちらの意図を伝えるためには、論理的に話す、書くということが重要になってきます。
　ここで最も重要なことは、ビジネス文書のやり取りには、情報を発信する書き手がいて、コミュニケーションの受け手である読み手がいるということです。これは書き手が文書を作成し、満足するものではなく、読み手である相手にどれだけ理解し、納得し、把握してもらうかという点が重要なわけです。

第 1 章　論理的に英語を書く技術

　日本語と英語の対照レトリック（contrastive rhetoric）を専門にした John Hinds は日本語の文章と英語の文章とを比較し、日本語は reader-responsible（読み手が責任を持つ）文章であるのに対し、英語は writer-responsible（書き手が責任を持つ）文章であると、その違いをまとめました。つまり、日本語では文章の理解は「読み手」の解釈に負うところが大であるのですが、英語ではあくまで「書き手」が自分の意図が読み手に正しく伝わるよう説得力を持って書く責任がある、ということなのです。

　次に、ハイコンテクスト文化とローコンテクスト文化の特徴を挙げておきます。一般的に表 1 のようにまとめられます。

表 1　ハイコンテクスト・ローコンテクスト文化比較

ハイコンテクスト文化（日本など）の特徴	ローコンテクスト文化（英語圏など）の特徴
曖昧、包括的、比喩的表現を好む	明示的、分析的、直接的でわかりやすい表現を好む
具体的に言葉で示さなくても言いたいことがかなり正確に通じる	明確な口頭での伝達や文章表現を要求する
多くを語らない	寡黙であることを評価しない
論理よりも人間関係を重視する	人間関係よりも論理を重視する

　ハイコンテクスト文化では、曖昧、包括的、比喩的表現を好むとありますが、このことは言いたいことをストレートに表さず、遠まわしに伝えることを表しています。一方、ローコンテクスト文化では、明示的、分析的、直接的表現といった、まるでハイコンテクストと正反対の表現を好んでいます。伝えたいことをはっきり、わかりやすく表現します。ハイコンテクスト文化とローコンテクスト文化の違いを念頭に置き、英文ビジネス文書の作成に取りかかりましょう。

3. 英文ビジネス文書の書き方　Step 1
最初に文書の目的を明確にする

それでは、ビジネス文書での論述の展開の仕方を説明します。多くの英文ビジネス文書では、まず、読み手になぜこの文書を書くのかを説明することから始めます。書く理由を整理することで、**文書の目的**を明確にすることができます。日本語では、結論、すなわち最後に主題（最も主張したい点）が置かれるのが主流ですが、英文ビジネス文書においては、まず結論が示されて、そのあとに具体的内容が続く、という構成が基本的なものとなっています。読み手である相手の方に、最後まで読まないと書き手の言いたいことが伝わらないような文書を送ると、最後まで読んでくれる保証はありません。伝えたいこと、伝えるべきことは、必ず導入部に書きましょう。その後、先に言ったことの内容の詳細を挙げます。そして、ビジネス文書の種類によっては、相手にアクションを起こしてもらえる内容を添えます。

■ビジネス文書の標準的な構成

1. 導入部（相手に伝えたい事柄を初めに書く）

⬇

2. 詳細内容（具体的な詳細を書く）

⬇

3. 結論部（相手に行動を起こすよう求めることがあればここに書く）

それでは、2つの英文ビジネス文書を比べてください。もし、あなたが**忙しい**ビジネスマンだったら、どちらの文書を読みますか？

例文 1

● このような私的な消息はビジネス文書では不要

Dear Mr. Sato:

I'm sorry I haven't responded sooner. I've been really busy for the last few days. Our company was closed for 2 weeks during summer vacation. <u>My wife and I went to Hawaii for a vacation. While swimming, I broke my hand. It was so awful for me.</u> Anyway, our company is celebrating 10 years of steady growth. <u>We would like to invite you to our 10-year celebration party on Tuesday, Sept. 3, from 5:00 p.m. to 8:00</u>

第 1 章　論理的に英語を書く技術

p.m. at the Royal Hotel in Yokohama. This is a great opportunity for us to meet.

We look forward to seeing you then.

Sincerely yours,

John Parker

和訳

拝啓　佐藤様

　ご返事が遅れてしまい申し訳ありません。ここ数日多忙を極め、ご返事ができませんでした。当社は夏季休暇中２週間お休みをいただいておりました。この休暇に妻と私はハワイに出かけましたが、私は水泳中に手を折ってしまい、散々な目に遭いました。それはともかく、当社では創業10周年の記念式典を行います。9月3日（火）午後5時より8時まで、横浜ロイヤルホテルで行われる創立10周年記念パーティーに謹んであなた様をご招待いたします。これはお会いできる絶好の機会と存じます。お会いするのを楽しみにしております。
　　　　　　　　　　　　　　　　　　　　　　　　　　　　　敬具

ジョン・パーカー

例文２

● 用件をすぐに伝えるとよいビジネスレターになる

Dear Mr. Sato:

Thank you for your continuing support for our company. Our company is celebrating 10 years of steady growth. We would like to invite you to our 10-year celebration party on Tuesday, September 3, from 5:00 p.m. to 8:00 p.m. at the Royal Hotel in Yokohama.

This is a great opportunity for us to meet and also to introduce people in both groups who would enjoy getting to know each another.

We look forward to seeing you then.

15

> Best regards,
>
> John Parker

和訳

拝啓　佐藤様

　平素ご愛顧を賜り厚くお礼申し上げます。当社では創業10周年の記念式典を行います。9月3日（火）午後5時より8時まで、横浜ロイヤルホテルで行われる創立10周年記念パーティーに謹んであなた様をご招待いたします。これは双方の関係者がお会いして面識を得る絶好の機会と存じます。お会いするのを楽しみにしております。

敬具

ジョン・パーカー

　さて、あなたはどちらの文書を選びますか？　例文2のほうが読みやすかったと感じたのではないでしょうか。その理由としては、次のようなことが考えられます。まず例文1では、パーティーに招待するという主旨の前に長々と自分の近況を説明しています。この文書を受け取った読み手は、パーティーへの招待という主旨をなかなか理解できず、文書を読み進めることになります。そして、文書の終わりになってやっと、「この文書の目的はパーティーへの招待だった」と気づくわけです。

　しかし、例文2では、この文書を受け取った読み手は、読み始めてすぐにこの文書の主旨である、「パーティーへの招待」が理解できます。読み手に、文書の主旨、つまりあなたが相手に伝えたいことを即座に理解してもらうためにも、文書の冒頭で、あなたが言いたいことを伝えます。

　文書の内容によっては、結論を最後に持ってくることもあります。例えば、「取引を止めたい」、「取引している物の値上がりの連絡」など相手に言いにくいことを連絡するビジネス文書では、主題を最後にもってくることもよく見られます。相手の心情を思いやり、相手に冒頭からショックを与えず、ソフトに伝わるからです。

　例文3は、取引している商品の送料の値上げを知らせる文書です。冒頭で、相

手に納得してもらえるような値上げの理由を挙げ、次にこの文書の主旨になる値上げの内容を伝えています。このようにマイナスイメージを伴う内容の文書では、こうした書き方も一般的に行われています。ただし、単に値上げの通告で終わるのではなく、最後にこれまでの取引に対する感謝の意を示す言葉も付け加えるとよいでしょう。

例文3

Mr. Morris Johnson
Morris Co, Ltd.
Seattle, WA

July 1, 2009

Dear Mr. Johnson:

①値上げの必要性について知らせる

① The cost of fuel has risen by almost 35 percent. Our business has been greatly impacted by the increase of the cost we pay for all fuel.

②値上げ幅と値上げの時期を知らせる

② As a result of a recent unexpected increase in fuel prices, the service charge on the shipping charge has to be adjusted to an extra 25 yen per item. This price increase will be in effect from Sept. 1, 2009.

At ABC Company, our policy is to maintain the best service and quality to all customers. If you have any questions or inquiries, please contact us at 81-3-1234-5678.

③値上げ措置への理解を求める

③ It would be greatly appreciated if you could kindly understand this unavoidable situation, and we promise to keep serving you with even better service.

Sincerely yours,

Tomio Sato
Assistant Manager
ABC Company
Tokyo, Japan

和訳

ワシントン州シアトル
ワシントン州シアトル、モリス株式会社
モリス・ジョンソン様

2009年7月1日

拝啓
　燃料代が35％近く上昇し、これに関わる経費の上昇により打撃を被っています。
　最近の予想もしていなかった燃料費の上昇のため、商品1個あたりの送料を25円値上げせざるを得ません。この値上げ措置は2009年9月1日より実施いたします。
　ABC社ではすべてのお客様に最高のサービスと品質を維持する所存です。ご質問やお問い合わせは81-3-1234-5678番までお電話ください。
　このやむを得ない事情につきましてご理解賜りますようお願い申し上げますとともに、サービスのいっそうの向上に努める所存です。

敬具

佐藤富雄
東京、ABCカンパニー　課長代理

この手紙のパラグラフ構成

① 値上げにいたる状況説明
② 具体的な値上げ幅の提示と実施時期の説明
③ 値上げ措置への理解と営業努力の意思表明

　この例文では、①で値上げする状況を説明しています。燃料費が35％も上昇し、このために、この企業がかなり打撃を受けていることを説明しています。
　そして②では、このような燃料費の上昇により、商品1個あたりの送料に対して、送料が25円アップすると説明しています。これに付け加えて、この値上げ措置は2009年9月1日から適用されると説明しています。
　最後の③では、値上げ措置への理解とサービスの質の向上に対する努力表明を示す言葉で終わっています。
　このように、相手に言いにくいことを伝える文書では、主題を冒頭ではなく後ろのほうに持ってくることもあります。

第 1 章　論理的に英語を書く技術

4. 英文ビジネス文書の書き方　Step 2
文書を書いた理由を詳細に説明する

「導入部」で、なぜこの文書を書いたのかを伝えた後、続いて伝えたい内容の説明をします。この箇所を「**本論**」と呼びます。この「導入部」と「本論」から文書は成り立ち、これはロジカル・ライティングの組み立ての原則になります。ここでは、本論の組み立て方の説明をします。

文書の設計図

導入部（なぜこの文書を書いたのかを伝える）

本論（導入部で伝えたこの文書を書いた理由の詳細をここで紹介する）

では、次の文書を見比べてください。こちらはどちらも、ホテルのサービスの内容をまとめたものです。どちらのほうがわかりやすく、またどちらのほうがどんなメリットがあるのかに注意しながら読んでください。

例文 4

Andaman Hill Resort Inns

Today, we would like to recommend a wonderful hotel in Langkawi, Malaysia.

Andaman Hill Resort Inns is a luxurious resort located on the coast of Andaman Bay. The moment you arrive at the Andaman Hill Resort Inns, whether for business or pleasure, you'll feel like you're on vacation.

●この箇所が散漫で、ホテルの特色がはっきりしない

The hotel's restaurant serves an internationally themed buffet, including some local specialties. The café serves breakfast, lunch and dinner in a family-friendly atmosphere. Whether it

19

is small seminars or large-scale meetings, the hotel offers conference rooms that are equipped with modern presentation technology. The Andaman Hill Resort Inns' 315 rooms and suites are spacious and tastefully appointed with their own balcony or patio. The bathroom features twin vanities and dressing areas, a separate shower and toilet, and an outdoor sunken marble bath behind a glass door.

Our prime location right on Andaman Bay makes it perfect for any number of beach and water-related sports and activities: boat cruises, sailing, surfing, waterskiing, snorkeling, etc. Take a walking tour through the grounds and discover the abundant and diverse tropical flora and fauna, unwind by taking a dip in the pool or spa, let the little ones have fun at our educational Kid's Camp, clear your mind with an invigorating workout in our fitness center, pick up some special mementos at our gift shop or get some work done in our state-of-the-art business center.

We look forward to making your stay in Andaman Hill Resort Inns a memorable one.

第 1 章　論理的に英語を書く技術

> 和訳

本日は、マレーシア、ランカウイ島のすばらしいホテルを紹介いたしたくご連絡しました。

アンダマン・ヒル・リゾートインは、アンダマン湾に面した豪華なホテルです。ビジネスであろうと、楽しみを求めてであろうとも、当ホテルに到着すれば、たちまち休暇に訪れているような気分になるでしょう。

当ホテルのレストランでは、マレーシアのすばらしい郷土料理のみならず、世界各地の特別メニューをそろえたビュッフェをご用意しています。また、カフェでは、ご家族でくつろげるよう朝食、昼食、夕食をご用意しています。小さなセミナーから大規模な会議まで対応できる最新の設備を備えた会議室も完備しています。アンダマン・ヒル・リゾートインの315の部屋は、プライバシーを確保できるバルコニーと中庭付きです。バスルームには、2つの洗面台と更衣室が完備され、シャワールームとトイレは別になっていて、ガラス戸の向こうには大理石でできた浴槽が用意されています。

アンダマン湾では、ビーチスポーツやウォータースポーツができます。例えば、クルージング、セイリング、サーフィン、ウォータースキー、シュノーケリングなどです。トロピカルな大自然の中を散策することもできます。プールやスパで汗を流すのもよし、子どもたちは教育的なキッズキャンプに参加するもよし、何もかも忘れてフィットネスセンターで体を鍛えるのもよし、ギフトショップでお土産を選び、ビジネスセンターで仕事をすませることもできます。

アンダマン・ヒル・リゾートインでのすばらしい滞在を心よりお待ち申し上げております。

例文5

Andaman Hill Resort Inns

Today, we would like to recommend a wonderful hotel in Langkawi, Malaysia.

Andaman Hill Resort Inns is a luxurious resort located on the coast of Andaman Bay. The moment you arrive at the Andaman Hill Resort Inns, whether for business or pleasure, you'll feel like you're on vacation.

- ホテルの特色が箇条書きで要領よくまとめられている

Dining:
- The hotel's restaurant serves an internationally themed buffet, including some local specialties.
- The café serves breakfast, lunch, and dinner in a family-friendly atmosphere.

Guest Rooms:
- Conference rooms are equipped with modern presentation technology.
- 315 rooms and suites are spacious and tastefully appointed with their own balcony or patio.
- The bathroom features twin vanities and dressing areas, a separate shower and toilet, and an outdoor sunken marble bath behind a glass door.

Activities:
- Boat cruises, sailing, surfing, waterskiing, snorkeling, etc,
- Take a walking tour through the grounds and discover the abundant and diverse tropical flora and fauna,

第 1 章　論理的に英語を書く技術

> - Pool or spa,
> - Educational Kid's Camp,
> - Fitness center,
> - Gift shop,
> - State-of-the-art business center.
>
> We look forward to making your stay in Andaman Hill Resort Inns a memorable one.

和訳

本日は、マレーシア、ランカウイ島のすばらしいホテルを紹介いたしたくご連絡しました。
アンダマン・ヒル・リゾートインは、アンダマン湾に面した豪華なホテルです。ビジネスであろうと、楽しみを求めてであろうとも、当ホテルに到着すれば、たちまち休暇に訪れているような気分になるでしょう。

お食事：　当ホテルのレストランでは、マレーシアのすばらしい郷土料理のみならず、世界各地の特別メニューをそろえたビュッフェをご用意しています。
　　　　　　カフェでは、ご家族でくつろげるよう朝食、昼食、夕食をご用意しています。

客室：　　最新の設備を備えたプレゼンテーションルームを完備。315の部屋は、プライバシーを確保できるバルコニーと中庭付き。
　　　　　　バスルームには、2つの洗面台と更衣室が完備され、シャワールームとトイレは別になっていて、ガラス戸の向こうには大理石でできた浴槽が用意されています。

施設：　　クルージング、セイリング、サーフィン、ウォータースキー、シュノーケリングなど／トロピカルな大自然の中を散策／プールやスパ／キッズキャンプ／フィットネスセンター／ギフトショップ／ビジネスセンター

アンダマン・ヒル・リゾートインでのすばらしい滞在を心よりお待ち申し上げております。

例文4の文書には、ホテルの特徴を説明するいろいろな情報が順不同に羅列してあります。各段落では、①簡単なホテルの場所の説明、②ホテルのレストランと客室の説明、③施設の内容が説明されています。しかし、ホテルの特徴を捉えるのが難しく、ただだらだらと読んでしまいそうです。

　一方、例文5の文書では、例文4の文書と違うところが2つあります。1つは、ホテルのサービスの内容を**グループ化**していることです。重複している内容がないか、また漏れている内容はないのかがこのグループ化によって確認できます。2つ目は、それぞれグループ化したものにタイトルをつけていることです。これによって読み手は、ホテルのサービスの内容を大きく捉えることができます。ここで一番重要なことは、説明内容をグループ分けし、タイトルをつけるということです。この章の初めに、「論理的に書くことは、大量の情報や錯綜した思考をわかりやすくまとめること」と書きましたが、こうしたグループ化も論理的な思考と大きく関連します。

　それでは、論理的に思考を整理する説明をします。思考を整理するための道具として MECE を照屋（2006）は紹介しています。たくさんの情報を説明する際に、全体のイメージを把握しやすいように、説明の対象が重複していないか、また、説明に漏れはないのかを分けるための思考方法です。

MECE ＝ Mutually Exclusive and Collectively Exhaustive
（互いに重複がなく、集合的に漏れがない）

　情報を整理するために、例文4、5を使って説明します。

　まず、例文4をご覧ください。こちらにはあらゆる情報が網羅的に書いてあります。ホテルの売りである客室の特徴や施設が文書の中に埋もれている感じがします。読み手であるお客様は、一面に文字が並んでいる文書に飽き、最後まで読んでくれる保証はありません。最後まで読んでもらうためには、読み手に読みやすいように文書をまとめる必要があります。

　そこで、まず、ホテルの特徴の説明を大きくグループ分けします。ここでは、レストラン、客室、施設と大きく3つに分けることができます。3つに分けたら、それぞれにタイトルをつけます。ここでは、①食事、②客室、③娯楽・施設、というタイトルをつけ、グループ化します。ここで注意しなければならないことは、このグループ化したものの内容に重複はないか、または漏れがないかを確認しなければならないということです。そこで、MECE を使用し、情報の中

に重複しているものはないか、書き漏らしたものはないか確認します。レストラン、客室、娯楽・施設の内容で重複している内容は削除しなければなりません。また、明記しなければならない説明をグループ化し、整理することで過不足なく取り上げることもできます。グループ化されたものにはタイトルがつけられ、それに関する内容が個別に明記されますので、読み手としては、一目で内容を理解することができます。

　また、グループ分けされる「数」は、読み手にとってもわかりやすい数にするように心がけます。グループ分けされる数は基本的には3つが無難です。読み手にとってわかりやすいよう、多くても5つ以内にグループ化するよう心がけてください。また、グループ化されたものにタイトルをつけることも忘れないでください。タイトルをつけることによって文書の予告がなされます。すなわち、タイトルにより読み手は予告されてから文書を読み進めていくため、理解しやすくなります。

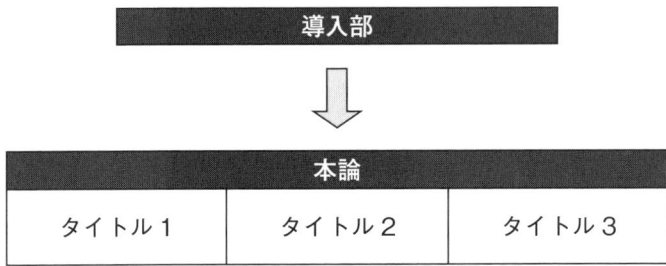

■参考文献

Hall, Edward T. (1977), *Beyond Culture*
　Anchor Books

照屋華子（2006）『ロジカル・ライティング』
　東洋経済新報社

Porter, R.E. & Samovar, L. A. (1993), *Intercultural Communication*
　Wadsworth Publishing Company

5. 英文ビジネス文書の書き方　Step 3
論理的に相手を説得する文書の書き方

次に論理的に相手を説得する文書の書き方について説明します。

前で説明したように、文化的背景の違う相手にわかりやすく伝えるには、論理的に文書をまとめる必要があります。ハイコンテクスト文化である日本では、意図が言葉で明示的に表現されていなくても、納得し、理解し、把握できる、ということは十分あり得ます。それは、言いたいことのポイントが暗示的に表現されているからです。しかし、英語で発信するということは、日本人以外の人を相手にしているわけですから、共有されるべき文化的・社会的コンテクストはほとんどないということです。したがって、コンテクストをまったく共有していない相手に向かって発信し、相手を説得するためには、意図が言葉で明示的に表現されていることが、「論理的」かどうかの判断を下すための重要な要素です。

論理的に説得するということは、感情を切り捨て、情緒的な表現を使用せず、論述していくことです。例えば、上司から部下へ、「わたしは一生懸命やったのでやり遂げた。だから君も、一生懸命やればできる」といった論理の主張では、部下は何をすればいいのかよくわかりません。

次の例題の文書を比べてください。例文6に比べて、例文7のほうが、どんなメリットがあるのか、両者の違いは何かを考えていきます。

例文6

The cargo of our order arrived in Tokyo on October 1, 2008. Unfortunately, we found that ten printers were missing. It took more than two months to receive the items and we had been waiting for so long. In addition, the lack of these items has forced us to shut down our sales section, and this caused us to lose a large amount of money. We have trusted you since we started business with you. Please understand our situations.

●この波線の部分が感情的になりすぎていて、ビジネスレターにはふさわしくない

和訳

2008年10月1日に当社注文品を載せたカーゴが東京に着きました。残念なことにプリンター10台が不足していることがわかりました。到着するのに2ヵ月以上もかかり、私たちは相当長い間待ちまし

た。その上、この商品の欠品により営業部が機能しなくなり、大変な損害となりました。貴社との取引が始まってからずっと信用していました。どうか私たちの状況をお察しください。

例文7

●相手側のミスにより被った損害の補償を求めることを明確に伝える

> The cargo of our order arrived in Tokyo on October 1, 2008. We regret to inform you that we found that ten printers were missing. I placed an order for this cargo on July 15, 2008, and it took more than two months to receive the items. We therefore ask you to refund US $2,500 which we have already paid you and remit this amount to our account with The Asahi Bank, Ltd., Tokyo branch.
> Your prompt attention to this matter will be greatly appreciated.

和訳

2008年10月1日に注文したカーゴが東京に着きました。誠に残念ながらプリンター10台が不足していることがわかりました。このカーゴを2008年7月15日に注文しており、注文から到着まで2ヵ月以上もかかっております。したがって、すでに支払い済みの2,500米ドルの返金をお願いします。この金額を朝日銀行東京支店の口座にお振込み願います。御社がすばやくこの件に関しまして対処していただくことをお願い申し上げます。

例文6では、書き手の感情がずいぶん伝わってきます。また、こちらの会社にどれだけ損害があり、相手の会社をどんなに信用していたのかがわかります。しかし、こちら側の感情を相手にぶつけるだけで、相手側にどんな行動を起こしてほしいのか、また、書き手も何がしたいのかが明記されていません。

一方、例文7では、注文から到着まで2ヵ月以上もかかってしまい、すでに支払い済みの2,500米ドルを返金してもらいたいという**書き手の意図**がはっきりと明記されています。

文書を論理的に書くという点から見れば、どちらの文書のほうが論理的かは言うまでもないことでしょう。もちろん、あなたの怒りを相手にぶつけること、また、どれだけあなたの会社に損害があったのかを訴えたい気持ちもわかります。しかし、感情的に相手の非をとがめるだけでは、相手からなぜ配送が遅れたのか

長々とした説明を聞かされるうえに、自分たちの行為を正当化しようとすることだってあり得ますから、ここは契約上キャンセルをし、返金してもらうほうが冷静というものですし、論理的だといえます。なぜならば、ローコンテクスト文化で使われる論理とは、自分の感情を極力まじえず、自分が考えている事柄を相手に理解し納得してもらい、時には行動してもらうことでもあるからです。

それでは、次の例文を見てみましょう。
内容は、10年以上にもわたる会社との取引の中止の連絡です。長い付き合いのある会社に対して申し訳ない気持ちでいっぱいですが、感謝し、謝るだけでは相手は納得しません。なぜ、取引をやめなければならないのか、その取引を続けると申し出ている企業はどういう状態に陥るのかを説明し、納得してもらいましょう。

例文8

●取引を中止する理由が述べられていないので、相手に不信感を与えやすい

> We would like to thank you for being in business with us for so many years. You have provided us with high quality products. You are the best company we have ever dealt with.
>
> Unfortunately, however, today we have to inform you that we cannot continue dealing with your company. We are terribly sorry.
>
> I tried to persuade my boss to continue business with your company, but I did not succeed. Please accept my apologies.

和訳

御社との長い間の取引に感謝申し上げます。今までご提供いただいた製品の品質には大変満足しておりました。今までお取引いただいた企業の中では最高の会社だと存じます。
　しかし、大変残念ではございますが、本日御社とは取引を中止させていただきたい旨をご連絡申し上げます。誠に申し訳ございません。この件につきましては、上司に引き続き御社と取引ができるよう打診いたしましたが、よいお返事は頂戴できませんでした。申し訳ございません。

第 1 章　論理的に英語を書く技術

例文 9

●事業の継続が困難になったことを要領よく簡潔に伝える

> Today, I need to inform you of some bad news.
> The excessive strengthening of the yen has damaged the Japanese economy, and our annual sales have been decreasing year after year. Recent unexpected price increases on fuel also have made a further attack on the competitiveness of our company, and as a result, we are forced to close down the import section.
>
> We are afraid to inform you that we cannot continue purchasing from your company.
>
> We would like to thank you for being a good business partner for such a long time and for providing us with high quality products. We hope you will understand our situation.

和訳

　残念な結果をお知らせしなければなりません。近年の急激な円高の影響で、日本経済はダメージを受け、弊社の売り上げも年々降下していく一方です。それに追い打ちをかけるように、燃料の値上げも重なり、弊社の輸入部は閉鎖されることとなりました。
　本日ご連絡を申し上げましたのも、大変残念ではございますが御社とのお取引を中止させていただかねばならないということをお知らせするためです。御社とは長年にわたるお付き合いで、また、出荷いただく商品もいつも高品質で満足しておりました。状況をご理解いただきますようお願い申し上げます。

　例文 8 はハイコンテクスト文化でよく見かける文書スタイルです。相手を傷つけないよう曖昧な表現が使用されているのがわかります。しかし、具体的な説明は何もありません。例文 9 の文書は、ローコンテクスト文化で好まれる書き方です。具体的に例が提示されています。取引中止を申し出るという悪い知らせを伝える場合は、一方的に謝罪するのではなく、相手に納得してもらう具体的な事例および正当な理由を述べることが必要です。ここでは円高、燃料費の上昇などを明示しています。
　このように、相手に論理的に納得してもらうには、感情的にならず、具体的に説明をし、納得してもらう文書を作成するよう心がけましょう。

29

コラム①　「英語の肩書きにはご注意を！」

加藤　寛

　私が課長補佐の時代、この職名は英語でMANAGERでした。因みに課長はDIRECTOR。職務の1つに海外の同業他社との交流が含まれ、たびたび海外からのお客様をお迎えしました。

　ある日とある会社から2週間後に訪問したい、との連絡が来ました。氏名と役職が記してあります。役職が先週来られたお客様と同じもので、先週は私が対応してちょうど「つりあう」レベルでした。企業間の交流ではこの役職水準をつりあわせることが重要です。

　ならば、と2週間後も私が対応することとして、「お待ちします」と返答しました。そのお客様がお見えになり、応接室で私が応対し、お互いの会社の概況説明や、よもやま話に花を咲かせました。「ところで御社の社長（PRESIDENT）はどなたでしたか」と問うたところ、短い返事で"I am."でした。

　事の重大性にお気づきでしょうか。同業他社からお客様が来社されて、課長補佐が一人でお迎えしたら、その方がなんと先方の代表取締役社長様だったのです。この後大騒ぎで自社の社長のスケジュールを無理やり抑え、概ね事なきを得ました。上場企業の社長のスケジュールを当日抑えるのがどれだけ大変か…。

　この社長様の肩書きは「MANAGING DIRECTOR」でした。3週間前に歓迎した別会社の訪問者が3名のMANAGING DIRECTORSで、「昇格すれば課長」即ち課長補佐レベルだったので、社長はPRESIDENTに違いないと思い込んだ私が、肩書きMANAGING DIRECTOR＝社長、かもしれないということを知らずに引き起こした騒動でしたが、油断大敵を身にしみて実感した出来事でした。

第 2 章

英文ビジネス文書でよく使う テンプレート(ひな型)

ビジネスレターの体裁	32
1. Full-Block Style	32
2. Semi-Block Style	34
テンプレート 1　請求書の書き方	36
テンプレート 2　ファックスの書き方	38
テンプレート 3　領収書の書き方	40
テンプレート 4　請求書/明細書の書き方	42
テンプレート 5　Eメールの書き方	44
テンプレート 6　社内回覧の書き方	47
テンプレート 7　議事録の書き方	50
テンプレート 8　レジュメの書き方	53

この章では、ビジネス界で使われるさまざまな用途でのビジネス文書のひな型を「テンプレート」として提示します。いわば、ビジネス文書のハード面をおさえるものです。ソフト面に当たる具体的な表現等については、第3章と第4章に詳細に提示してあります。

ビジネス・レターの体裁

　ビジネス文書の中で最も一般的なものはビジネス・レターでしょう。会社により、さまざまな形を使っていることでしょうが、基本的な体裁としては以下の2つのスタイルが最も代表的なものです。いずれのものでも必要な要素は①ヘディング、②宛先、③最初の挨拶（Dear Mr. XXXX）、④本文、⑤結びの言葉、そして⑥署名です。

1. Full-Block Style（完全なブロック体）

① ヘディング	① National Bank 5151 1st Street Jackson, Alabama　84853 February 14, 20XX
② 宛先	② Miss Allison Fields 3241 Hoover Lane Jackson, AL 84852
③ 最初の挨拶	③ Dear Ms. Fields:
④ 本文	④ Thank you for your interest in working for National Bank. Your resume looks very impressive. Unfortunately, we are no longer hiring loan officers. Because we did not receive your resume by the application deadline, we were unable to include you in the application process this time. We have already filled all our loan officer positions and do not expect to hire more loan officers in the near future. We will, however, keep your application on file for review for one year, should a position arise.

第2章 英文ビジネス文書でよく使うテンプレート ―体裁―

⑤ 結びの言葉
　（結辞）
⑥ 署名

Thank you once again for your interest in National Bank.

⑤ Sincerely,

⑥ *Linda Shapiro*

Linda Shapiro
Manager, Human Resources

和訳

ナショナル・バンク
〒84853　アラバマ州ジャクソン市1番街5151

20XX年2月14日

アリソン・フィールズ様
〒84852　アラバマ州ジャクソン市フーバーレーン3241番地

拝啓

ナショナル・バンクへの採用にご応募いただきありがとうございます。履歴書を拝見いたしましたが大変すばらしい経歴です。あいにくなことに、ただいまのところ当行では貸し付け担当者を雇用する予定はございません。

当行ではフィールズ様の履歴書が応募締切日までに届きませんでしたので、今回は応募者として受け付けることができませんでした。当行では貸し付け担当職はすべてふさがっており、近い将来もこれ以上人員を増やす予定はございません。しかし、フィールズ様の応募書類は1年間保管させていただき、万一欠員が生じた際に検討させていただきます。

あらためてナショナル・バンクにご応募いただきお礼申し上げます。

敬具

リンダ・シャピロ
人事部部長

（注）should a position arise「万一職に空きができたならば（= if a position should arise）」

2. Semi-Block Style（半ブロック体）

① ヘディング

① National Bank
5151 1st Street
Jackson, Alabama 84853

February 14, 20XX

② 宛先

② Miss Allison Fields
3241 Hoover Lane
Jackson, AL 84852

③ 最初の挨拶

③ Dear Ms. Fields:

④ 本文（通例5文字分下げる）

④　　Thank you for your interest in working for National Bank. Your resume looks very impressive. Unfortunately, we are no longer hiring loan officers.

　　Because we did not receive your resume by the application deadline, we were unable to include you in the application process this time. We have already filled all our loan officer positions and do not expect to hire more loan officers in the near future. We will, however, keep your application on file for review for one year, should a position arise.

　　Thank you once again for your interest in National Bank.

⑤ 結びの言葉
　（結辞）

⑤ Sincerely,

⑥ 署名（中央に置くのが普通）

⑥ *Linda Shapiro*

Linda Shapiro
Manager, Human Resources

3. 6つの要素の説明

① ヘディング（Heading「頭書き」）

ヘディングには送付者の住所と日付を書きます。
Full-Block Style（完全なブロック体）では、左に寄せて書かれます。
Semi-Block Style（半ブロック体）の場合は、手紙の右上となります。

② 宛先（Address）

ここではどちらの様式でも左に寄せて書かれます。
ここには、相手方の名前、住所を書きます。相手の名前の後に、役職名を書きます。

③ 最初の挨拶（Salutation）

個人名がわかっている場合は Dear Mr. XXXX, Dear Ms. YYYY とします。個人名がわからないときは、Dear Sir, Dear Madam, Dear（Title：役職名）などを使用します。
会社や組織全体宛などのときは、Gentlemen, Dear Sirs, などにします。
その後にコロン（：）をつけます。

④ 本文（Body）

本文は1～2行ほど空けて始めます。本文の要諦は、明確に、簡潔にそして、ていねいに書くということです。
Full-Block Style（完全なブロック体）の場合は、段落の最初をインデントする必要はなく、左端から書きます。Semi-Block Style（半ブロック体）の場合は、各段落ごとにインデント（5スペース）します。

⑤ 結びの言葉（Complimentary close「結辞」）

ビジネス・レターの場合、Very truly yours, Yours truly, Sincerely などがよく使われます。
こうした結びの言葉の後にカンマを入れるのを忘れないようにしましょう。

⑥ 署名（Signature）

最後は署名です。
タイプされた文書の場合は、差出人の名前を手書きで署名した後、その下に名前をタイプしておくとよいでしょう。

テンプレート1　請求書の書き方（Bill）

Point　請求書には、①注文品を発注したこと、②請求日、③代金、④入金期限日、⑤連絡先などを書きます。

① 注文品発注のお知らせ	Dear Mr. Sato: ① I would like to let you know that I have ordered the printer that you requested. I purchased it from a new supplier which operates out of Seattle, Washington. Their prices on these items are about 5% less than our usual dealer.
② 請求日	② We are enclosing an invoice dated September 21, 2009.
③ 代金	③ Total amount comes to $750.
④ 入金期限日	④ The due date for payment is October 31, 2009. If the payment can be made within 10 days from the billing date, we offer a 5% discount. I also kept the cost of shipping low by sending the equipment to you by GMD (Ground-Mail-Delivery) instead of air mail. Although we saved $100 by using GMD, it will take one month longer for the boxes to reach you than by air mail. I recommend that you compensate our branch after you have obtained all of the packages and made sure that everything works properly. You can wire the money to our Seattle bank account. I will send an e-mail confirmation to you once we have received the money.
⑤ 連絡先	⑤ If you have any questions or inquiries, please call 123-4567 or send an email to businessletter@business.com Yours sincerely,

第2章 英文ビジネス文書でよく使うテンプレート ―請求書―

> Susan Brown
> Assistant Manager
> ABC Corporation Inc.
> Boston, MA

和訳

> 拝啓　佐藤様
>
> ご注文いただいたプリンターを発注いたしましたのでお知らせ申し上げます。ワシントン州シアトルで営業している新しいサプライヤーから調達いたしました。このサプライヤーの価格は当社が通常取引をしている業者より5%安いものです。
>
> 2009年9月21日付けの請求書を送付いたします。
>
> 合計金額は750ドルです。
>
> お支払期限は2009年10月31日までです。もし請求書発効日から10日以内にお支払いいただければ5%の値引きをいたします。また、送料を低価格にてお届けするために航空便ではなく宅配便にて発送いたしました。100ドルを節約する代わりに、1カ月ほど到着に時間がかかります。
>
> すべての商品が到着し、すべて問題なく作動していることをご確認いただきましたら、当社支店にご連絡いただきますようお願いいたします。お支払いは弊社のシアトルの銀行口座にご送金をお願いいたします。入金され次第、メールにてお知らせいたします。
>
> ご質問がございましたら、123-4567にお電話いただくか、またはbusinessletter@business.comへメールをお送りいただければと存じます。
>
> 　　　　　　　　　　　　　　　　　　　　　　敬具
>
> スーザン・ブラウン
> アシスタントマネジャー
> ABC株式会社
> マサチューセッツ州ボストン

テンプレート 2　ファックスの書き方（Fax）

Point　ファックスを送る場合、①差出人の所属する組織名、②差出人の住所、③日付、時間、④宛先、⑤相手のファックス番号、⑥差出人の名前及び職名、電話及びファックス番号、⑦件名、⑧このファックスを他に誰宛に送っているか、⑨今回送付したファクスの枚数、⑩ファックスの内容を、書面に記述して送付します。

① 差出人の組織名	① AP
② 差出人の住所	② Apple Press 344 Greene Street, Ann Arbor, MI 48103 　　　　Fax Cover Sheet
③ 日付、時間	③ DATE: August 10, 2009 TIME: 11:47AM
④ 宛先	④ TO: Mr. Taro Yamada
⑤ 相手先ファックス番号	⑤ FAX: 81-03-1234-5678
⑥ 差出人名職名、電話およびファックス番号	⑥ FROM: Tim Jones PHONE: 313-111-2222 FAX: 313-111-2223
⑦ 件名	⑦ RE: Permissions
⑧ コピー先	⑧ cc: John Adams
⑨ 送信枚数	⑨ Number of pages including cover sheet : 1
⑩ 内容	⑩　Message: Hi Taro, I'm sorry I am late answering your letter. I was out of town for several days. In response to your question about paying B Publisher, yes, I think you should pay right away. Also, please remember to send us a copy of all the permission contracts when you have collected

第 2 章　英文ビジネス文書でよく使うテンプレート　—ファックス—

them all. Thank you.

Best Wishes,
Signature
Tim Jones

和訳

エイ・ピー
アップル出版
〒48103
ミシガン州アンナーバー市グリーン通り344番地
　　　　　ファックスカバーシート
日付：2009年8月10日
時刻：午前11時47分
宛先：山田太郎様
ファックス番号：81-03-1234-5678
差出人：ティム・ジョーンズ
電話番号：313-111-2222
ファックス：313-111-2223
件名：著作権許諾
cc：ジョン・アダムス

カバーシートを含むページ数：1

メッセージ：

こんにちは。太郎さん
お返事が遅れて申し訳ありません。私は4、5日出かけておりました。B出版社への支払いに関するあなたの質問に対する答えとしては、すぐに支払うべきだと思います。また、あなたが著作権を許可する契約のコピーをすべて集め終えたら、私たちへ必ずお送りください。ありがとうございます。

よろしくお願いいたします。

ティム・ジョーンズ

テンプレート 3　領収書の書き方（Receipt）

Point 公的な領収書には特に決まった形式はありませんが、少なくとも①領収書を書いた日付、②領収書の番号、③領収書を受け取る人の名前（金額を支払った人または会社名）、④購入した品名、⑤支払いの方法（現金、小切手、郵便為替等）、⑥支払いが分割であるか一括であるか、⑦受領された全金額（ドルの場合は$を最初につけ、金額を書く）、⑧領収書を発行する人または会社名、が記載されていなければなりません。

① 日付
② 領収書番号
③ 領収書の受取人名
④ 購入品名
⑤ 支払方法（現金、小切手、郵便為替等）
⑥ 支払内容
⑦ 受領金額
⑧ 領収書の発行人名

Receipt

① **Date** : May 1, 2009　　② **Reference No.**: 1

③ **Received From** :　　　Taro Yamada
④ **Received For** :　　a bookshelf and a CD rack
⑤ **Mode of Payment** :　Cash　✓　Check＿＿
　　　　　　　　　　　　Money Order＿＿＿
　　　　　　　　　　　　Others＿＿＿＿＿
⑥ **Description of Payment** :　Full　✓　Partial＿＿
⑦ **Total Amount** :　　　　$58.58
⑧ **Received By** : Hanako Suzuki

和訳

領収書

日付：　2009年5月1日　　参照番号：1
金額支払人：　　　　山田太郎
但し書き：　　　本棚とCDラック代として
支払い方法：　現金　✓　　小切手＿＿＿
　　　　　　　郵便為替＿＿＿＿
　　　　　　　その他＿＿＿＿＿
支払い内容：　一括　✓　　分割払い＿＿＿
合計金額：　　58ドル58セント
金額受領者：　鈴木花子

第2章 英文ビジネス文書でよく使うテンプレート ―領収書―

Receipt

Date : August 6, 2009   Reference No: 2

Received From :   Bobby Lee
Received For :   five DVDs
Mode of Payment :   Cash_____
                    Check_____
                    Credit Card ✓
                    Money Order_____
                    Others_____
Description of Payment : Full ✓ Partial_____
Total Amount : $100.00
Received By : Box Record Inc.

和訳

領収書

日付： 2009年8月6日   参照番号：2
金額支払人：   ボビー・リー
但し書き：   DVD5枚
支払い方法： 現金_____
              小切手_____
              クレジットカード ✓
              郵便為替_____
              その他_____
支払い内容： 一括 ✓   分割払い_____
合計金額：   100ドル
金額受領者： ボックスレコード株式会社

テンプレート4　請求書（Bill / Accounts）／明細書（Statement）の書き方

Point　請求書や明細書を送る場合、①差出人の所属する組織名、②差出人の住所及び電話・ファックス番号、③日付、④請求書［明細書］頁数、⑤請求［明細］の対象となる期間、⑥請求書番号［明細書］、⑦（請求する）相手の名前および住所、⑧日付、⑨購入先または利用店名、⑩照会番号、⑪利用金額、⑫入金額、⑬利用金額を差し引いた残金、⑭合計金額、を書面に記載します。

---

① FIRST BANK OF APPLE
② 1334 James St. PO Box 2002
　 Chesapeake, Virginia 23320
　 Phone: 1-800-445-4421　　　　　③　4-15-2009

Checking Account Statement

④　Page: 1 of 1
⑤　Statement Period 2009-3-11 to 2009-4-10
⑥　Account No. 00005-122-224-477-8
⑦　John Adams
　　1123 Donut St.
　　Bloomington, IN 47405

⑧ Date	⑨ Description	⑩ Ref.	⑪ With-drawals	⑫ Deposits	⑬ Balance
2009-3-11	Previous balance				800.50
2009-3-14	Washington Hotel — VISA	9844	150.00		650.50
2009-3-18	Target Shopping		50.00		600.50
2009-3-20	Mortgage Payment		550.00		50.50
2009-3-24	Telephone Bill — VISA	9844	50.00		0.50
2009-4-3	Payroll Deposit — HOTEL			600.00	600.50
2009-4-9	Fee -Monthly		5.00		595.50
	⑭ Total		805.00	600.00	

---

①組織名　②差出人住所及び電話・ファックス番号　③日付　④頁数
⑤対象期間　⑥明細書番号　⑦相手先　⑧日付　⑨摘要　⑩照会番号
⑪利用金額　⑫入金額　⑬残金　⑭合計金額

第2章 英文ビジネス文書でよく使うテンプレート ―請求書／明細書―

和訳

アップル第一銀行
〒23320　ヴァージニア州チェサピーク
ジェームス通り1334番地　私書箱2002号
電話／ファックス 1-800-445-4421

2009年4月15日

当座預金口座明細書

頁：1の1
請求対象期間：2009年3月11日から2009年4月10日まで
請求番号：00005-122-224-477-8
ジョン・アダムス
〒47405　インディアナ州ブルーミントン
　　　　ドーナッツ通り1123番地

日付	摘要	照会番号	引き出し	預け入れ	残高
2009-3-11	前回残高				800.50
2009-3-14	ワシントン・ホテル — VISA	9844	150.00		650.50
2009-3-18	ターゲット商店		50.00		600.00
2009-3-20	住宅ローン返済		550.00		50.50
2009-3-24	電話料金 — VISA	9844	50.00		0.50
2009-4-3	ホテル給与振込み			600.00	600.50
2009-4-9	カード会費（月額）		5.00		595.50
	合計金額		805.00	600.00	

● 「請求書」の用語　bill / account / check / tab / invoice

　「請求書」に相当する最も一般的な言い方としてはbillが使われます。billは金融関係では「手形」という意味でも使われます。a bill of exchangeといえば「為替手形」という意味になります。billと同意の言い方にaccountがあります。主にイギリスで使われる用語です。a/cとかA/Cと略記されることもあります。「(取引)勘定」という意味合いの強い語で、accountsと複数形で使われると「計算書、明細書」という意味になります。「帳簿」という意味でも使います。また、レストラン等での「伝票、請求書」はcheckが使われます。ホテルやレストラン等での飲食に関わる請求書にはtabが使われることもあります。貿易に関わる「送り状兼請求書」という意味ではinvoiceが使われます。

テンプレート 5　Eメールの書き方（E-mail）

Point　Eメールは次の順に書きます。①日付、②受取人の名前（役職）、③コピーを受け取る人々の名前、④件名、⑤本文、⑥結辞、⑦差出人の名前、（役職）⑧会社名、会社の住所、電話番号

① 日付	① Date: Oct. 14, 2009
② 受取人名	② Name of the Receiver: John Lee （Position of the Receiver）: Accountant of Sam Systems
③ コピー先	③ cc（Receivers of the copies）: May Tanaka
④ 件名	④ RE: Get musical tickets
⑤ 本文	⑤ Dear Mr. John Lee: When you use musicalticket.com, you can get great, last-minute seats to top musical shows -- even the ones you thought were sold-out! Get tickets right now to the hottest shows like "RENT", "Lion King", "West Side Story", and a bunch of this season's new plays and musicals! We give you the inside track on hard-to-get tickets, direct from the box office. That means no hidden brokers' fees. It's the most reliable and trusted way to get exactly the seats you want.
⑥ 結辞	⑥ Sincerely,［Regards,］
⑦ 差出人名前	⑦ musicalticket.com
⑧ 会社名、会社の住所、電話番号	⑧ 205 W. 42nd St, N.Y., N.Y. Phone 212-702-1234

第2章 英文ビジネス文書でよく使うテンプレート ―Eメール―

和訳

> 日付：2009年10月14日
> 受取人：ジョン・リー
> 　　　　サム・システムズ会計係
> コピー受取人：メイ・タナカ
> 件名：ミュージカルのチケットを手に入れましょう
>
> 本文：
> ジョン・リー様
> ミュージカルチケット・コムを使うと、もう売り切れだと思っていた最高のミュージカルの席を直前に手に入れることができます。「レント」や「ライオン・キング」や「ウエスト・サイド・ストーリー」のようなショーやこのシーズンの新しい演劇やミュージカルのチケットを手に入れましょう。私どもはチケット売り場から直接に、手に入れることが難しいチケットを買う方法をご提示します。つまり隠された仲介者の料金を支払わなくてもよいということです。これは欲しい席を正確に手に入れることができる最も信頼できる方法です。
> 　　　　　　　　　　　　　　　　　　　　　　敬具
>
> 差出人：ミュージカルチケット・コム
> 差出人住所：ニューヨーク州ニューヨーク市ウェスト42番街205番地
> 差出人電話番号：212-702-1234

Writing Tips

　ccはコピーが必要な人だけに絞って送るようにします。関係のない人にまで送ると社内のメールの数が増えすぎます。

　忘れずに内容を簡潔に記した件名をつけます。
1. Schedule of the Personnel Department「人事部の日程計画」
2. New Prices of the Batteries「電池の新価格」
3. 10th Anniversary of XXX Company「XXX会社の10周年記念」
4. New Address「新しいアドレス」

　主に返信の場合に件名の前に"RE:"をつけます。"RE:"は「～について」と

いう意味なので、返信でなくても使うことができます。
  5. "RE: Meeting on Friday"「金曜日の会議について」
  6. "RE: Recall of the Engines"「エンジンのリコールについて」

  上記以外のEメールを書くときの注意点を下記に挙げておきます。
1. 受け取ったメールの内容を引用して返信したメールを書くと、それまでの経緯が理解しやすくなります。受け取ったメール全体を引用してもよいし、返事をするのに関係のある部分だけを引用してもいいでしょう。引用した部分の行の頭には">"の記号を入れます。
2. 引用したメールが書いた人以外に届く場合は、その内容が書いた人のプライバシー侵害にならないかを考慮するようにします。
3. 添付資料があるときは、ウイルスメールではないかと相手に心配させないためにメール本文に One file will be attached to this email.「添付資料が1つあります」と書きます。
4. 1通のメールに1件の用事だけを書くと、わかりやすいメールになります。
5. 1つの文が長くなりすぎないようにします。
6. 自分の名前の後に住所や電話番号をコピーできるように設定しておくと便利です。

第2章 英文ビジネス文書でよく使うテンプレート ―社内回覧―

テンプレート6 　社内回覧の書き方
　　　　　　　　（Interoffice Correspondence）

Point 　社内回覧では「5W1H」、いつ・どこで・誰が・何を・なぜ・どのように、が簡潔明瞭に伝わることを旨として作成されます。通常その内容が社外に対してどの程度まで守秘義務を負うべきか、例えばS＝社外厳秘、H＝取扱注意、M＝個人情報含む、L＝公表済み、などの指示が付加されます。

① 会社名	① Hanna Trend Inc. 211 East 53rd St. New York, NY10022 Tel/Fax: (212) 777-6200 **INTEROFFICE CORRESPONDENCE**
② 守秘義務区分	② Priority: S
③ 照会番号	③ Reference: NYCSTO No. 2011107
④ 日付	④ Date: September 22, 2009
⑤ 発信者	⑤ From: Personnel Administration Dept.
⑥ 宛先	⑥ To: All Employees of Sales Divisions
⑦ 件名	⑦ Subject: Prospective Personnel Changes
⑧ 本文	⑧ Effective December 1, 2008 Hanna Trend Inc. will enter into limited partnership with Marubishi Shoji Co., Ltd. of Tokyo, Japan. The partnership will entail a new jointly established entity in China (People's Republic of China) under the sole purpose of growing cottonseeds in China. The location for this agricultural ambition is the Xinjiang Region, where the dry climate and long daylight hours make it a perfect environment for growing cottonseeds. The new company intends to purchase up to 300 hectares of land mass (equals roughly 2,300 times the size of Tokyo Dome), efficiently grow cottonseeds, harvest them and export them to

Japan. For this new venture, Hanna Inc. has nominated Mr. Hitoshi Minakami, currently Vice President in charge of Asian operations of the No.1 Sales Division, as chief executive officer of the new company. Also, mostly from the same No. 1 Sales Division, a team of 15 employees will be compiled to be seconded to the new company. Formal personnel notices shall be dated November 10, 2009 with limited further subsequent personnel changes.

和訳

ハンナ・トレンド・インク

〒10022　ニューヨーク州ニューヨーク市東53丁目211番地

電話／ファックス兼用：(212) 777－6200

社　内　回　覧

プライオリティ：S
発信番号：NYCSTO No. 2011107
日付：2009年9月22日
発信者：人事部
宛先：営業部全社員
標題：今後発令予定の人事異動について

当社は今年12月より日本の丸菱商事と一部業務提携を行い、新会社を設立して中国で綿花の栽培を共同事業として行うことになった。栽培地は中国の新疆地区で、この地方は乾燥地帯で日照時間も長く綿花栽培に適しているといわれている。新会社はこの地方に300ヘクタールの土地（東京ドーム2,300個分に相当）を購入し、ここで綿花を栽培して日本に輸入しようというものである。これに伴い、当社からアジア担当の営業第1部長水上仁氏が新社長として赴任することになった。また、営業第1部を中心に社員15名を出向させる予定である。正式な発令は2009年11月10日を予定している。また、これに伴い小規模の人事異動を行う予定である。

第2章 英文ビジネス文書でよく使うテンプレート ―社内回覧―

覚えておきたい表現

　社内文書の目的は、「連絡」「報告」「提案」「記録」といわれています。「連絡」の中では、催しものや行事のお知らせなどの案内書、重要な決定事項を一方的にお知らせする通達書、相手になんらかの行動を要求する依頼書などがあります。ここでの文書は、決定した共同事業のお知らせを社員に伝達するものです。「報告」は、行動の経過や結果を文書化し、上司に報告するものです。「提案」は、いわゆる稟議書、提案書、企画書といわれるものです。「記録」には、会議の議事録や帳票類などが含まれます。

　社内回覧では、挨拶などは省略し、必要事項だけを簡潔に述べます。また、啓辞や結辞も省かれます。

1. 「この社内回覧は、〜を記したものです」
   This interoffice correspondence [memo] presents 〜.

   「この社内回覧は、雇用規約変更について記したものです」
   This interoffice correspondence [memo] presents changes in the employment policy.

2. 「〜が変更になりました。9月1日をもって実施されます」
   〜 has been changed, effective September 1.

   「残業による賃金の支払いが変更になりました。10月1日をもって実施されます」
   The overtime payment policy will be changed, effective October 1.

3. 「…は〜と提携したことを発表しました」
   …announced today that we have entered into 〜.

   「ハンナ・トレンド社は東京の丸菱商事と製品ライセンス契約を結んだことを今日発表しました」
   Hanna Trend Inc. announced today that it has entered into a product licensing agreement with Marubishi Shoji Co., Ltd. of Tokyo, Japan.

テンプレート7　議事録の書き方（Meeting Minutes）

Point　議事録には、①会議の話題、②議長の名前、③会議の開催された日にち、④会議の開始時刻、⑤会議の終了時刻、⑥所要時間、⑦会議場、⑧出席者の名前、⑨欠席者の名前、⑩会議内容、⑪次回の会議の日時、場所、さらに⑫会議録をとった人の名前を明記します。

Project X-1
Meeting Minutes

① 会議の話題	① **Subject**: Opening a new branch of Q-mart
② 議長名	② **Chairperson**: Chris Carpenter
③ 日付	③ **Date**: January 23, 2009
④ 開始時間	④ **Start Time**: 8:00A.M.　⑤ **End Time**: 9:30A.M.
⑤ 終了時間	⑥ **Duration**: 01:30
⑥ 所要時間	⑦ **Location**: Third Floor Meeting Room #01
⑦ 会議場	⑧ **Attendants**: Chris Carpenter（Head of the project）, Timothy Cane（Sub-head of the project）, Mike Heathery, Jade Smith, and Ann Erwin.
⑧ 出席者	
⑨ 欠席者	⑨ **Absent**: None
⑩ 会議内容	⑩ **Agenda**:
	1. share the results of the research for marketing
	2. decide where to open a new branch of the supermarket
	3. AOB（Any Other Business）
	Summary/Resolution:
	The main purpose of this meeting is to share the results of the research for opening a new branch of Q-mart in Monroe County. Each of the researchers reported the results and discussed them. Based on the results, the members decided which district to open a new supermarket.
⑪ 次回の会議	⑪ **Next Meeting**: February 1, 2009

第 2 章　英文ビジネス文書でよく使うテンプレート　—議事録—

⑫ 議事録作成者名	⑫ Minutes submitted by Secretary, Ann Erwin.

和訳

> プロジェクト X-1
> 議事録
>
> 議題：Q マートの新しい支店開店について
> 議長：クリス・カーペンター
> 日付：2009 年 1 月 23 日
> 開始時刻：午前 8 時　終了時刻：午前 9 時 30 分
> 所要時間：1 時間 30 分
> 場所：3 階会議室 01 室
> 出席者：クリス・カーペンター（企画の責任者）、ティモシー・ケイン（企画副責任者）、マイク・ヘザリー、ジェイド・スミス、アン・アーウィン
> 欠席者：なし
> 議事：
> 1. マーケティングのための調査結果についての報告。
> 2. 支店を出店する場所の決定。
> 3. その他
> 会議内容の要約ならびに決議事項：
> この会議の主な目的は、モンロー郡で Q マートの新しい支店を開くための調査結果を報告し合うことである。それぞれ調査した人は、その結果について報告し、適当な場所について話し合った。これらの討論に基づき、参加者は、新支店の開設場所について決定した。
> 次回の会議：2009 年 2 月 1 日
> 議事録記録係：アン・アーウィン

Writing Tips

1. 議事録は、会議の正確な記録であり、関係している人々が今後の活動を行う際に必要な事項について共通理解を持つためのものです。仕事をする上で、会議で決定されたことを忘れたり、誤解したりしないように、正確に記録することが要求されます。
2. 議事録は、会議に欠席していた人に、その会議の内容を正確に伝えるために

51

も役立ちます。
3. 議事録の記録者は、毎回同じ人でもかまいませんが、会議後に交代で記録係を決めてもよいでしょう。
4. 議事内容は、会議の準備の時間を与えるために、事前に参加者へ配布されます。
5. 会議録はできるだけ簡潔に書くことが重要です。
6. 正確さを保つために、会議録は会議進行中か、会議直後に書くのが望ましいでしょう。また、議事録を補足するために、会議内容を録音することもあります。
7. 議事の最後には、必ずAOB（Any Other Business「その他」）を入れます。

参考までに「議事録関連語」を紹介しておきます。

【議事録関連語】
1. **Subject**　会議の話題
2. **Chairperson**　会議の司会者
3. **Date**　会議が行われた日
4. **Start Time**　会議が始まった時間
5. **End Time**　会議が終わった時間
6. **Duration**　会議にかかった時間、所要時間
7. **Attendants**　出席者
8. **Absent**　欠席者
9. **Agenda**　協議事項、議事
10. **AOB**　議事項目末尾につけ、Any other business（その他）の略語。
11. **Summary**　会議内容の要約

第2章　英文ビジネス文書でよく使うテンプレート　―レジュメ―

テンプレート8　レジュメの書き方（Résumé）

Point　ここで言う résumé はフランス語からの借用語で、「要約、概略」という意味で、レジメと呼ぶ人もいます。アメリカ英語では、résumé [resume] を「履歴書」（[レズメイ]）と発音。イギリス英語では curriculum vitae〔普通は英では［カリキュラム・ビータイ］、（米）では［カリキュラム・ヴァイティー］と発音〕が一般的に使われる）の意味で使うこともあります。レジュメ（résumé）は一般的にはそれを印刷したものも指します。著書や論文、調査結果などの口頭発表の際に、その発表内容が聴衆の理解を助けるために整理された補助資料と考えていいでしょう。レジュメは主に次の7つの構成要素から成ります：①論文または発表内容の題名、②発表者（レジュメの筆者）の名前、③日付、④問題提起、⑤結論を導いた論理構造、⑥結論、⑦参考文献。

① 題名	① **Tips for Better Business Etiquette**
② 発表者名	② **By John McCune**
③ 日付	③ **Sept. 25, 2009**
④ テーマ	④ **I. The Main Theme**
	The main purpose of this presentation is two-fold: 1) to show the predispositions for being a good sales rep, and 2) to share the reasons why our customers buy certain things.
⑤ 内容	⑤ **II. Contents**
	Good sales reps are defined on the following factors:
	1) behavior
	2) basic etiquette
	3) salesmanship
	The customers' concerns:
	1) your enthusiasm

53

	2) your business sense
	3) your attitudes
	4) your ways of presenting yourself and your product
⑥ 結論	⑥ Ⅲ. Conclusion In order to be a good sales rep, it is essential to learn the customers' needs.
⑦ 参考文献	⑦ References

和訳

上手なビジネス上のエチケットのヒント集
ジョン・マキューン
2009年9月25日

主なテーマ
この発表の主旨は2つあります。
① 優れた販売員になるための要因を紹介し、
② お客様の購買の動機をお話しすることです。

内容
優れた販売員は以下のような要因に基づいて規定されます。
（1） 態度
（2） 基本的なエチケット
（3） 販売技術

顧客の関心
（1） 皆さんの熱意
（2） 皆さんの営業センス
（3） 皆さんの姿勢
（4） ご自分と商品の紹介の仕方

結論
優れた販売員になるには、お客様が求めているものを知ることが不可欠の要因になります。

第2章　英文ビジネス文書でよく使うテンプレート　―レジュメ―

参考文献

　レジュメの一面が文字だけで表現されていたり、発表内容の要約が長々と述べられていると読むために時間がかかり、理解しにくいので、図や表にする、フォントの大きさを変える、見出しに番号を付ける、記号や箇条書きにして整理するなど、視覚的に工夫することが大切です。

　発表内容で、その話題で特別な語を使っている場合はその解説をするか、レジュメに簡潔な説明を書いておきます。例えば、近年企業などで環境問題を取り上げる際、ISO（国際標準化機構）が話題になりますが、このような場合も、読み方「アイエスオー」、原語の綴り（International Organization for Standardization）、簡単な定義（1947年に設立された工業標準の制定を目的とする国際機関のことである。現在では140カ国以上の国々が加入している。本部はジュネーブにある）等の説明を載せます。

　また、意味の不明な単語がある場合は、発表前に必ず調べておくことが大切です。大学でのレポートや学会での口頭発表の場合、発表者の見解、感想等を載せてもいいのですが、これも長々と書かずに簡潔にまとめます。さらに、参考文献がある場合は、最後に必ずつけておかなければなりません。その口頭発表の内容がどの資料に基づいているのかの根拠となるわけですから、聴衆に知らせる必要があります。

　参考文献では、著者（複数の著者の作品名等を記載する場合は、第1著者）の苗字のアルファベット順に表示します。著書での表示する順序は、執筆者名、書籍名、発行所、（発行年）です。雑誌の場合は、執筆者名、論文名、雑誌名、何巻、何号、頁数、（発行年）となります。Webサイトからの情報を使って発表する場合は、サイトの管理者名とhttpで始まるサイト名URLを表示します。

　大学などでは、ゼミレポートや卒論を口頭発表する際にレジュメを作成し、内容や論理展開を確認し、整理します。企業で書くレポート、立案書、計画書も同様の扱いになります。

コラム② 「言葉選びは正確に！」

加藤　寛

　人の失敗談というのは、自分が同じ誤りをしないためにもたいへん有用です。ひとつそういった例をご紹介します。

　ある取引先会社の幹部が亡くなられました。自社の幹部と仲がよかった方ですので、自社の幹部に代わって弔電を発信しました。その内容です。

　Dear Mr. Freeman, please accept my heartfelt condolences for the bereaved family of late Mr. Niceguy. He had been the key person behind the success of Project X-men, overlooking the course of action at important turning points.

　言いたかったことは「Freeman様、このたびお亡くなりになったNiceguy様のご遺族に対し、心よりお悔やみ申し上げます。Niceguy様はプロジェクトX-menの成功の立役者でおられました。重要な判断の際に采配を振るっていただきました」ということでした。

　さて、どこがおかしいのでしょうか。発信した後でoverseeを使うつもりでoverlookとしていたことに気づき、"采配を振る"代わりに"無視"していましたと言ってしまった、と真っ青になりました。その後overlookを再度辞書で引いてみましたら、こちらにも「監督する」の意味がありましたので、実際は事なきを得ました。

　皆さん、これで大丈夫、との"思い込み"に気をつけて、発信する前に二度ぐらい、読み返すくせをつけましょう。

第3章

目的別・英文ビジネス文書最新実例集

社外発表	58
日程調整	62
調査結果報告	66
社内規定	70
機器等の使用規定	74
稟議書	78
表彰	82
始末書	88

社外発表　Press Release / News Release

Point　ここでの社外発表は具体的には新商品の発売を事前に通知する、プレスリリースです。メディアに広く訴えることを目的として発信します。プレスリリースの常識として、あたかも新聞記事原稿のように作成し、頭は発信場所と日時、最後は「###」で締めることとなっています。また、メディアが公表の際の長短を決め、どこで切ってもかまわないよう、段落毎に話をまとめます。通常は「ダブルスペース」即ち2行分のスペースに1行を印刷します。

---

① 　NEW JAPAN ELECTRONICS
1-2-3 MARUNOUCHI, CHIYODA-KU, TOKYO
Public Relations Dept. Tel/Fax:（03）1111-9999

<u>NEWS RELEASE</u>

② 　Subject: New Ultra-thin Plasma TV Launched
③ 　From: H. Ito, Vice President Public Relations Dept.

④ 　Tokyo, Thursday, March 22, 2009 16:00
⑤ 　NEW JAPAN ELECTRONICS (NJE) announces the launch of its latest flat panel TV models under the name of "Ultra-thin Plasma TV RPC 3100 Series," to take effect on Saturday, July 7, 2009. These new models take full advantage of plasma screen technology, with little residual images as compared to LCD screen TVs, and at the same time they boast extreme thinness of only 3 centimeters, a unique achievement among plasma TV makers.

Their resolution is much higher than those of NJE's rivals, and NJE is proud of the beauty of the images shown on the screen. NJE positions this series as the flag ship products of the company and the series will be made available starting at 50-size TVs. These TVs come in a stand-alone configuration as well as an on-the-wall configuration, making them an ideal centerpiece for a home theater arrangement.

NJE presumes that these series and variations will produce a consolidated sales volume of half a million sets per year. It would be the de facto decisive factor for the financial success of NJE, NJE admits.

NJE invites all concerned to the press-release function at "Kiku Hall" of the Hotel Oyama on Sunday, April 8, 2008 at 1 p.m. At this function, prior to the commercial kick-off, all details of the "Ultra-thin Plasma TV RPC 3100 Series" will be revealed to the media.

###

（注：英文例は紙面の都合でシングルスペースにしてあります）

①会社名・住所　　　　　　④日付
②件名　　　　　　　　　　⑤主旨
③発信者

> 和訳

「新製品のプレスリリースの案内　―国内テレビメーカーから外国新聞社」

　　　　　　　　　　　　　　　　　ニュージャパンエレクトロニクス株式会社
　　　　　　　　　　　　　　　　　　　東京都千代田区丸の内 1-2-3
　　　　　　　　　広報部　電話／ファックス兼用：(03) 1111-9999

　　　　　　　　　　　　　　　プレスリリース

件名：新製品「超薄型プラズマテレビ」の発売
差出人：伊藤副社長　広報部

2009年3月22日（木曜）16時00分、東京
　ニュージャパンエレクトロニクス株式会社（NJE）は、2009年7月7日（土曜）に最新フラットパネルを使用した「超薄型プラズマテレビ RPC3100 シリーズ」を発売いたします。本製品は、プラズマ技術を最大限に活用しており、液晶テレビに比べると残像はほとんど残らず、しかも厚さわずか3センチという超薄型化を実現しました。これはプラズマテレビメーカーの中でも群を抜く成果です。
　解像度も他社の競合機種より高く、画像の美しさは当社の誇るところです。当機種を会社の主力商品と位置づけ、50型テレビから順次発売していく予定でおります。同シリーズは固定式のほか、壁掛けタイプも用意されており、ホームシアターの主役にぴったりです。
　当社では、シリーズ全体で年間50万台の売上を見込んでおり、社運をかけた一大商品にしたいと考えております。
　発売に先立ち、「超薄型プラズマテレビ RPC3100 シリーズ」の特長を詳しく紹介するプレスリリースを4月8日午後1時より、ホテルオーヤマ「菊の間」で行いますので、ぜひご参加いただきたく、ここにご案内申し上げます。

[語彙]　ultra-thin plasma TV 名「超薄型プラズマテレビ」／launch 名「発売」／flat panel TV 名「フラットパネル型テレビ」／take effect on 熟「実施になる」／resolution 名「解像度」／stand-alone configuration 名「固定式」／de facto decisive factor 熟「事実上の決定的な要因」

社外発表 ■Press Release / News Release

●覚えておきたい**表現**

① 「〜に関する報告です」 Here is the report about 〜.
「人事異動に関する報告です」
Here is the report about the personnel changes.

② 「添付した報告書には〜が含まれています」
The attached report contains 〜.
「添付した報告書には、来年度の年間スケジュールと今後の行動計画が含まれています」
The attached report contains an annual plan and action plans for next year.

③ 「添付の概要書にあるとおり〜です」
As shown in the attached outline, 〜.
「添付の概要書にあるとおり、計画はほぼ完了しました」
As shown in the attached outline, the project is running close to plan.

1. 「ABC Inc. とサンシャイン株式会社は、持株会社設立に向けて資本・業務提携すると正式発表する予定です」
ABC Inc. and Sunshine Co., Ltd. are officially announcing that they are merging under a holding company.

2. 「ABC Inc. はこの度、中国に進出することを決定いたしました」
ABC Inc. has decided to enter into the Chinese market.

3. 「弊社 ABC Inc. の製品に不具合があることが確認されましたので、回収し無償にて製品を交換いたしております」
ABC Inc. is voluntarily recalling certain ABC products because of defects and we are offering free replacements.

4. 「ABC Inc. はこの度、渋谷に旗艦店をオープンいたします」
ABC Inc. is announcing the opening of a flagship shop in Shibuya. (flagship shop「旗艦店（チェーン店等の中心になる店舗）」)

日程調整　Rescheduling

Point　会議の日程変更を依頼する、言わばよくある通信内容です。手紙であれば、差出人と宛先人の仲の濃さ、親しみ具合でかなり書き方が変わりますが、ここで紹介する例は「仕事で会ったことはあるが、ファーストネームで呼び合うまでには至っていない」場合の例です。

　昨今の企業間の通信は印刷し郵送する手紙より、速くかつ費用が少なくてすむＥメールが主流です。Ｅメールの場合は印刷する手紙より本文中の情報が省略されるケースが多くなります。省略対象の情報には会社名、同住所、同連絡先、役職名、照会番号、標題＝件名などが挙げられます。

---

① 　NEW JAPAN INDUSTRIAL MACHINERY
1-2-4 MARUNOUCHI, CHIYODA-KU, TOKYO
Corporate Planning Dept. Tel/Fax: +81 -3 -1112-9991

② 　Mr. Chris Engelman
Vice President, Foreign Account Div.
Goldmine & Nickeldon Inc.
211 East 52nd Street
New York, NY 10022
USA

③ 　May 22, 2009

④ 　Our Ref: CP002207
Your Ref: CE07092

⑤ 　Subject: Our planned meeting of June 7 — Request for change of date

Dear Mr. Engelman,

⑥ 　Reference is made to our scheduled meeting of June 7, 2009 at your headquarters conference room on the 8th floor, where primary discussion on our proposition for new investment would be conducted. To our regret, Mr. Yuji Hashimoto, our Senior Managing Director in charge of the R&D

Division will be unable to attend this meeting due to his recent nomination to represent our subsidiary in the U.S. The successor to Mr. Hashimoto will be Mr. Shoichi Nakagawa, currently Vice President of the R&D Division, and we foresee that a substantial time would be required to complete a smooth transfer of responsibilities.

Accordingly, I would like to propose a postponement of the said meeting by approximately two weeks. I regret to be the cause of this postponement, but I would very much appreciate it if you will be kind enough to indicate a few possible rescheduled meeting dates on/after June 22, 2009.

⑦ I look forward to hearing from you.
　With kind regards,

⑧ Hiroshi Mukai
　Vice President, Corporate Planning Div.

①会社名・住所
②相手の名前、役職名と住所
③日付
④リファレンス番号
⑤表題、件名
⑥変更する理由の説明

☆手紙の用件は、簡潔に相手に伝える必要があります。ここでは、これまでの経緯、状況（人事異動）などを説明しています。
⑦締めくくりの言葉
⑧送り主の名前と肩書き

> **和訳**

「会議の日程変更 ―国内機械メーカーからアメリカの投資銀行への手紙―」

新日本産業機械株式会社
東京都千代田区丸の内 1-2-4
企画部　電話／ファックス兼用：(03) 1112-9991

クリス・エンゲルマン様
副社長, 海外口座部
ゴールドマイン・ニッケルドン株式会社
住所：アメリカ合衆国ニューヨーク州ニューヨーク市東 52 丁目 211 番地
郵便番号 10022

2009 年 5 月 22 日
当社参照番号：CP002207
お問い合わせ番号：CE07092
件名：6 月 7 日の会議――日程変更のお願い

拝啓エンゲルマン様

　2009 年 6 月 7 日に御社の本社 8 階会議室で行われる予定になっております新規融資申し込みの下打ち合わせの件でご連絡いたします。残念ながら、出席予定の当社商品開発担当常務の橋本裕二氏が急遽当社のアメリカ支社の支社長に就任することとなり、出席することが困難になりました。後任として、商品開発部の現副部長である中川正一氏が内定していますが、業務の引継ぎにもう少し時間がかかると思われます。
　つきましては、会議の日程を 2 週間ほど延期させていただきたく、お願いする次第です。当方の都合でこのような延期となり申し訳ありませんが、6 月 22 日以降で御社のご都合のよろしい日を 2, 3 日挙げていただければ幸いです。
　お返事をお待ちしております。

敬具

企画部　副社長　向井　弘

[語彙]　reference 名「言及すること」（make a reference to ～「～について言及する」）／proposition 名「提案」／conduct 動「～を行う」／in charge of ～ 熟「～を担当して」／nomination 名「指名」／subsidiary 名「子会社」／accordingly 副「これにより、したがって」／postponement 名「延期」／indicate 動「～を指定する」

64

日程調整 ■Rescheduling

●覚えておきたい表現

① 変更・調整を要請する

① 「~を延期することは可能ですか」
Would it be possible to postpone ~ ?/I need to postpone ~.

1. 「申し訳ありません。面会を来週まで延期しなければなりません」
   I am sorry to inconvenience you, but **I need to postpone** our appointment until next week.

2. 「支払いを来月まで延期することは可能ですか」
   Would it be possible to postpone the payment until next month?

② 「~していただくよう要請します」
We request that ~./We respectfully request that ~.

「予約を2, 3週間延期していただくよう要請します」
We respectfully request that our appointment be postponed for appropriately 2 or 3 weeks.

③ 「~を変更させてください」
We would like to change ~.

「会議の日程を11月4日に変更させてください」
We would like to change our meeting to Nov. 4.

② お詫びの言葉と提案

☆ お詫びの言葉を述べたうえに、変更の提案をする。

「~にしていただけると大変ありがたく存じます」
I would appreciate it if you could~.

「大変申し訳ありませんが、1月25日（金）の打ち合わせですが、会社でよんどころない所用ができましたために、日にちを変更していただければ幸いです」

I'm very sorry, but **I would appreciate it if you could** change the date of our meeting on Friday, January 25 due to an unavoidable matter I must take care of here at the company.

調査結果報告 Research Findings

Point アメリカの企業からの依頼を受け、日本の企業が調査を実施し、その結果について報告する通信です。ここで紹介する文書は、現在主流となっているEメールによる通信スタイルとなっています。

---

① From: masahiro.abe@njs.com
② Date: 12-Nov-08 11:33
③ To: vpcorporate@seniorcare.com
④ cc: hiroshi.inada@njs.com
⑤ Subject: Survey Results
⑥ Attach: Result.doc

Dear Ms. Schuster,

⑦ We conducted a substantial hearing survey on June 10, 2008 as a preliminary and preparatory step for you to establish a new entity in Japan that specializes in nursing for the aged. Survey subjects were screened to a total of 1,200, all of whom were over the age of 60.

Furthermore, in order to secure highly reliable data and analysis, we also conducted a series of group interviews over the period of spring 2008 through summer 2008. The following four group categories were observed:
  (A) Japanese nationals, age 60 and over, both male and female,
  (B) Japanese nationals, with past experience of giving nursing care,
  (C) Japanese nationals, employees of nursing facilities,
  (D) Japanese nationals, managing nursing facilities.

The interviewees in each category group were given the following themes to consider and give responses to:
  Group A: What you would like nursing facilities to have and provide,
  Group B: How you see the current status of nursing facilities,
  Group C: What you think are problem areas of existing nursing facilities, as well as improvements you find necessary,

Group D: Up-to-date operational status of nursing facilities and difficulties the management faces.

For more details, please refer to the "Result.doc" attached hereto. Please direct your queries to (Mr.) Masahiro Abe.

⑧ Thank you and best regards,

⑨ Masahiro Abe
Account Executive
New Japan Survey Co., Ltd.

①送信者名
②日付
③宛名
④コピー先
⑤件名
⑥添付資料
⑦調査結果報告内容
⑧締めくくりの言葉
⑨差出人名前、役職

☆ここでの、調査結果報告とは、Correspondence や Inquiry といった簡単な調査結果報告を紹介しています。例えば、企業が新しい事業をスタートさせるにあたって調査結果報告を依頼する文には Feasibility Study と呼ばれるものがあります。

> 和訳

「ヒアリング調査 —アメリカの介護会社からの依頼—」

差出人： masahiro.abe@njs.com
日時： 2008年11月12日　11:33
宛先： vpcorporate@seniorcare.com
cc： hiroshi.inada@njs.com
件名： 調査結果報告
添付ファイル：Result.doc

シュスター様

　我が社は、貴社が日本で高齢者介護専門会社を新たに設立する準備段階として、2008年6月10日に大規模なヒアリング調査を実施いたしました。調査の対象として60歳以上の男女合計1,200人を選びました。
　さらに、精度の高い調査データの収集と分析のため、2008年春から2008年夏にかけて数回にわたるグループインタビューを行いました。以下の4つのグループに該当する日本人を対象に調査を行いました。
　　（A）60歳以上の男女
　　（B）介護を行った経験のある者
　　（C）介護施設で働く職員
　　（D）介護施設の経営者
　各グループに質問したテーマは次のとおりです。
　　（A）グループ：介護施設に望むもの、そしてサービス
　　（B）グループ：介護施設の現状
　　（C）グループ：介護施設の現在の問題点と今後の改善点
　　（D）グループ：介護施設の現況と経営上の難しさ
　詳細は添付ファイル「Result.doc」を参照してください。質問がありましたら、担当者の阿部正弘までお問い合わせください。

敬具

阿部正弘
広告担当役員
新日本調査株式会社

[語彙]　**substantial** 形「大規模な」／**preliminary** 形「予備的な」／**preparatory** 形「準備の」／**entity** 名「実体、企業体」／**nursing** 形「介護する」／**nursing facility** 熟「介護施設」／**screen** 動「選別する」

●覚えておきたい表現

① 「～の調査を行う」

「～の調査を行う」というときは、主に以下の表現が使われます。
　　We investigate ～.
　　We have studied ～.
　　We set up a study～.

1. 「丸菱商事とABC株式会社は缶のリサイクルを利用した新しいビジネスの市場調査を行った」
   Marubishi Shoji and ABC Co., Ltd. **investigated** the survey on the market to create a new business by using can recycling.

2. 「日本で新規に缶のリサイクルビジネスを起こすプロジェクトを調査した」
   We have studied a can recycling project to create a new business in Japan.

3. 「東京の丸菱商事は、日本で新しいビジネス環境がどのように缶リサイクル産業を作り出すのかについて徹底的に調査を行った」
   Marubishi Shoji Co., Ltd. of Tokyo, Japan **set up a** comprehensive **study** to examine how a new business environment may help to create a new can recycling industry in Japan.

② 「この調査が効果的であることを望む」

「この調査が効果的であると望む」というときは下記の表現を使います。
　　We hope this survey is useful.

「この調査が、缶リサイクル産業に携わる人々にとって大変効果的であるよう望みます」
We hope this report will be very useful for those who are involved in the can recycling industry.

社内規定　Office Regulations

Point　「社内規定」では想定される場合についての規定を箇条書きにし、次のような順序で書きます。
①宛先、②差出人、③日付、④件名、⑤本文
後からトラブルになるのを避けるためには、事前に様々な状況についての規定を書いておいたほうがよいでしょう。特に相手が異文化の環境にいる場合には、こうした規定を文章化することが望まれます。

Regulations of the ABC Rubber Co., Ltd.
1-30-45 Ginza, Chuo-ku
Tokyo, Japan 104-0061
TEL 03-1234-5678

① TO:　Workers of ABC Rubber Co., Ltd.
② FROM: Personnel Department of ABC Rubber Co., Ltd.
③ DATE: May 30, 2009
④ SUBJECT: Discharge

⑤ Workers should be dismissed in the following cases.

(1) When a worker does the task extremely poorly, has no possibility of making progress or cannot be transferred to a different department.
(2) When a worker cannot take responsibility for the job.
(3) When a worker is absent from work for more than 3 years because of medical treatment or being hospitalized for more than 3 years, and there is no possibility of recovery.
(4) When a worker is arrested by the police, sentenced and found guilty.
(5) When a worker cannot perform the tasks during the probation period.

---

①宛先　②差出人　③日付　④題名　⑤本文

社内規定 ■ Office Regulations

和訳
「化学メーカー社内規定」

エイビーシーゴム社内規定
〒104-0061
東京都中央区銀座1-30-45
電話　03-1234-5678

宛先：　エイビーシーゴム株式会社社員各位
差出人：エイビーシーゴム株式会社人事部
日付：　2009年5月30日
件名：　解雇規定

下記のような場合には社員は解雇される。
(1) 社員の業務成績が著しく不良であった場合、業務上の進歩の可能性がない場合、または他の部署に異動できる可能性がない場合。
(2) 社員が職務の責任を果たしていない場合。
(3) 社員が3年以上病気の治療を受けて欠勤していたり、3年以上入院したりしていて、回復の見込みがない場合。
(4) 社員が警察に逮捕されて、有罪の判決を受けた場合。
(5) 社員が仮採用期間中に職務を達成できず不適格と見なされた場合。

[語彙]　**discharge** 名「解雇」／**dismiss** 動「解雇する」／**be hospitalized** 動「入院する」／**probation** 名「仮採用、試用」

●覚えておきたい表現

社内規定に関する用語

雇用期間	term of employment
就業場所	address of the workplace
就業時間	working hours
始業時刻	opening time
休憩時間	break
終業時刻	closing time
フレックスタイム	flex time
休日	off days
有給休暇	paid leave
賃金	wage
月給	monthly wage
時給	hourly wage
ボーナス	bonus
残業	overtime work
昇給	raise
給料日	pay day
健康保険	health insurance
厚生年金	pension insurance

社内規定の内容

1. 「退職を希望するときは30日以上前にその届けを提出すること」
   If a worker wishes to retire, he/she should submit the intention for retirement form more than 30 days in advance.
   (wish を want と同じ意味で使うのは書き言葉での用法)

2. 「期間の定めのある雇用が満了した時は退職する」
   If a worker completes a certain work period as stipulated by the contract, he/she shall retire at the end of the period.

3. 「社員は職務上の地位を利用し、自己の利益を図ってはならない」
   Workers should not engage in personal profit-making activities by taking advantage of their position at the workplace.

社内規定 ■Office Regulations

4. 「社員はセクハラ行為をしてはならない」
   Workers **should keep** sexual harassment **from occurring**.

5. 「退職者は事務の引継ぎをしなければいけない」
   A worker who is retiring **should explain the duties to** his/her successor.

6. 「退職者は身分証明書、貸与された書類、備品を返却しなければならない」
   A worker who is retiring **should return** the ID card, documents and office equipment that he/she has borrowed from the company.

7. 「会社が解雇する時は、会社はその旨を30日前に予告するか、または会社は1か月分の給与を支払うものとする」
   When a worker is dismissed by the company, the company **should make a notice of the discharge 30 days in advance**. Otherwise, the company should pay one month's salary to the worker.

8. 「社員は職務上知り得た秘密事項を外部に漏らしてはならない」
   Workers **should not reveal** any secrets that they have obtained at work.

9. 「許可なく会社の所有物を私用に使ってはならない」
   Workers **should not use** the property of the company for personal matters without permission.

10. 「会社は業務上必要があるときは社員を他の部署に異動させることができる」
    The company can transfer workers to other sections if it is necessary, for the success of the business.（「社員に業務の変更を命ずることができる」と言うときは The company can order the employees to alter their work. のように言います）

11. 「社内で許可なく政治活動、宗教活動をしてはならない」
    Political and religious activities **are not allowed** at work without permission.

73

機器等の使用規定　Use Policy on Devices

Point 日本に展開する外資系企業が社員に向け、社内通信として社内システム使用規定を解説します。ここで紹介する文書は、現在主流となっている、Eメールによる通信スタイルとなっています。

① From: Vice President, Administration Dept.
② Date: 12-May-09 11:33
③ To: All Employees
④ cc:
⑤ Attach: None
⑥ Priority: H
⑦ Subject: Internal System to be Renovated

Dear Colleagues,

⑧ Effective June 1, 2009 our internal system server will be entirely renovated. The new server will have thoroughly improved security features, and access thereto is limited to those in possession of special access codes, without which any access attempt will be simply impossible.

Such special access codes will be issued individually to those in need of such codes, and details of such issuance will be kept confidential. These measures are introduced so as to maintain security on our developing projects and client information data.

Accordingly, we will have to modify our existing intranet server programs, and therefore for the 8-day period from Monday, May 24, 2009 through Monday, May 31, 2009, during the time frame of 23:00 and 07:00 the following morning, our internal intranet server will not be accessible. We are aware of the inconveniences this stoppage may cause, but under the circumstances we call for your understanding.

As for the Internet server, there will be no interference from the above modification and you can continue to use the Internet during said period. For more details direct your e-mail to Mr. Takeshi Okamoto, Admin. Dept.

機器等の使用規定■Use Policy on Devices

①送信者　②日付　③宛先　④コピー先　⑤添付資料　⑥守秘義務　⑦件名　⑧内容

和訳

「某外資系企業　―本社内情報サーバーの一新―」

差出人：副社長　総務部
日付：　2009年5月12日　11:33
宛先：　全社員
CC:
添付ファイル：　なし
重要度：　高（H）
件名：　社内システムの変更

社員各位、

　2009年6月1日より、本社の社内情報サーバを一新します。新情報サーバは、セキュリティー機能が従来に比べて格段に向上しており、本サーバを利用するには特別のアクセスコードが必要になります。このアクセスコードを持っていなければ情報を閲覧することはできません。
　特別アクセスコードは、それを必要とする者に個別に発行されますが、発行内容は機密です。これらの措置は当社の開発中プロジェクト案件や顧客情報の安全確保を狙いとして実施するものです。
　つきましては、現在使用しているイントラネットサーバのプログラムを一部変更するため、2009年5月24日（月）より5月31日（月）までの8日間、午後11時より翌日の午前7時まで、社内イントラネットサーバが使用できなくなります。不便をおかけして申し訳ありませんが、事情をご理解ください。
　なお、インターネットサーバには影響ありませんので、上記期間中もこれまで同様にインターネットを利用できます。詳細は総務部岡本剛史までメールでお問い合わせください。

[語彙]　attach 名「添付ファイル」（正式には attachment だが、このように略すこともよく見られる）／priority 名「重要度」（top「最重要」、high「高い」、low「低い」）／effective 形「～付けで」／renovate 動「～を修復する、刷新する」／thereto 副「それに」／issuance 名「発行」／stoppage 名「一時的な停止」／call for ～ 熟「～を要求する」／interference 名「妨害、障害」

75

●覚えておきたい表現

> ☆使用規定を説明する内容には、社内通信としてのシステム使用規定を説明するものや、新製品を支社や営業部門に説明するもの、一般のお客様に向けた機器等の説明文などがあります。

1. 「オンラインバンキングにはいつでもどこでもアクセスができます」
   Online banking gives you the freedom to bank when you want anywhere, day or night.

2. 「銀行カードを使って早く簡単にアクセスができます。また、残高のチェックや丸菱銀行間のお金の移動もできます」
   You can get instant access and easily with your debit card, allowing you to check balances and move money between your Marubishi accounts.

3. 「World TT は、最も大きなサポートシステムを供給しており、簡単ですばやく世界中の Web にアクセスすることができます」
   World TT provides the largest supported system for easy and speedy connection to the World Wide Web.

4. 「24 時間体制の無料サポートデスクが技術的な問題に対応します」
   Get your technical queries answered by our 24-hour Toll-free Technical Help Desk.

5. 「プライベートのウェブページには 5MB まで保存できる無料の E メールアカウントがついてきます」
   Free email account comes with 5MB of storage space for your personal Web pages.

6. 「World TT ワイヤレスは室内、戸外の公共の場からも高速インターネットにアクセスすることができます」
   World TT Wireless offers everyone wireless broadband access at both indoor and outdoor public areas.

機器等の使用規定 ■Use Policy on Devices

> ☆新製品の使用規定の説明では、特徴やセールスポイント、発売日、使用開始日などを知らせます。

7. 「お客様向けに、ビジネスの簡素化とインターネットサービスを向上させる新製品を発売します」

    We are launching a new product that will help our customers simplify business procedures and enhance Internet services.

8. 「新しい商品についての詳しいお問い合わせは、総務部岡本剛史までご連絡ください」

    For more information about the new product, please contact Takeshi Okamoto, Administration Dept.

稟議書　Request for Approval

Point　稟議書とは、起案者が決定する権限のある上司に対して決裁や承認を得るために提出する文書です。稟議書には、件名、理由、目的、予算、などの項目を簡潔に書きます。文書の構成は、①この文書の趣旨、②許可を求めることの内容、③また、それが会社にどれだけ利益をもたらすのかを具体的に示します。（次の例では具体的な発信者や受取人の情報は省略されています。）

Subject: Request for permission to arrange travel expenses

① This is to request permission to arrange travel expenses to attend an educational conference in Washington, U.S.A.

② **Duration:** From Aug. 1, 2009 — Aug. 10, 2009
　Number of people: 3
　Location: American Educational Center in Washington, U.S.A.
　Total Cost: 500,000 yen
　Remarks: See attachment

③ This is a great opportunity for our employees to gain knowledge about the American educational system. I look forward to getting your favorable responses.

---

①趣旨　②許可を求めることの内容　③それが会社にもたらす利益

和訳
「旅行費に関する稟議書」

主題：旅行費調達の件

この文書は、アメリカ合衆国ワシントンで開催されるエデュケーション会議に出席するのに発生する旅行費の手配をお願いするものです。

期間：2009年8月1日〜2009年8月10日

人数：3人
場所：アメリカンエデュケーション会議場、アメリカ合衆国ワシントン
費用：500,000円
その他：別紙参照

アメリカの教育システムを把握するためには大変よい機会だと思います。よいお知らせをお待ちしております。

[語彙] **travel expenses** 名「旅費」／**duration** 名「期間」／**remarks** 名「付記事項」（公的な文書で **N.B.** などと書かれることもあるが、この略語は **nota bene**「注意せよ」のこと）

●覚えておきたい表現

① 趣旨

　稟議書ではまずこの文書の趣旨を伝えます。その表現としては下記のようなものが使われます。

This is to request ～.「この文書は～をお願いするものです」
I would like approval for ～.「～を承認いただけますようお願いいたします」

1. 「この文書はパソコンを購入してもよろしいかお伺いするものです」
   This is to request permission to buy a new personal computer.

2. 「プリンターの買い替え費用として1,000ドルのご用意をお願いいたします」
   I would like approval for $1,000 for a new printer.

3. 「ビジネスマナーセミナーへの参加の許可をお願いいたします」
   I would like approval for my participation in [attendance at] a business etiquette seminar.

4. 「我が社の売り上げ最盛期である12月の商戦に伴い、アルバイトの人数の増員をお願いいたします」
   I would like approval to obtain more part-time workers to deal with the busy year-end shopping season in December.

② 稟議例

☆許可を求めることの内容は、いろいろ異なります。例として、アルバイトの増員例を挙げておきます。

1　Duration: Dec. 1, 2008 — Dec. 31, 2008
2　Number of part-time workers : 6
3　Payment: 1) 9:00–18:00, 600 yen per hour
　　　　　　2) 20:00–5:00, 800 yen per hour
4　Work contents: The employee will be divided into 2 groups, and 6 part-time workers will be on hand. The part-time workers will perform packing work under the supervisors' instructions.

```
1  期間：2008年12月1日〜12月31日
2  人数：6名
3  給与：1) 9:00〜18:00 時給600円
        2) 20:00〜5:00 時給800円
4  作業内容：社員を2班に分け6名のアルバイトを配置し、社員の指導で梱包作
           業を行う。
```

③ 稟議内容―理由付け―

　最後に、稟議書を書く際に最も重要なことは、決裁者にその内容を理解してもらい必要性を認識させることです。そのために文書の内容を簡潔にまとめましょう。

1. 「最新のビジネス経営力を養うのにとてもよい機会です」
   It would be a great opportunity to gain up-to-date business management skills.

2. 「作業効率化を図るために、新型のパーソナルコンピューターの導入が必要です」
   It would be necessary to buy a new personal computer in order to make operations more efficient.

3. 「教育費を増やすようご検討いただくことをお勧めします」
   I would like to suggest that you consider raising our educational budget.

4. 「御社の利益を増やす最良の方法の1つは、社員教育費を増やすことです」
   One of the best ways to increase your profits is to increase your educational budget for employees.

表彰　Official Commendation

Point 日本に展開する外資系企業が社内通信として業績が著しい部署を顕彰します。現在主流となっている、Eメールによる通信スタイルとなっています。

例 1

From:	Director, Administration Dept.
Date:	12-Oct-08 14:31
To:	All Employees
cc:	
Attach:	None
Priority:	L
Subject:	COMMENDATION TO THE CONSUMER PRODUCTS DEPT.

Dear Colleagues,

We are proud to announce that the new product "Second Stage New Life Insurance" has successfully achieved the half-million-subscription benchmark exactly a year after its introduction. The new product had been created through the diligent efforts of the Consumer Products Dept. led by its Manager, Mr. Ryuichi Yamamoto. This insurance product comprehensively reflects the various needs and wants of consumers and has become an outstanding best seller.

The management recognizes and appreciates the efforts of the said department behind such successes and contributions to overall performance of the company, and therefore would like to award our Certificate of Commendation as well as an Award Allowance of JPY 100,000 to the Consumer Products Dept.

John Brooke
Director, Administration Dept.

表彰■Official Commendation

和訳

「某外資系企業 ―社内表彰―」

差出人： 総務部長
日時： 2008年10月12日 14:31
宛先： 全社員
cc：
添付ファイル： なし
重要度： 低（L）
件名： 商品開発部の表彰

各位
　商品開発部が考案した新商品「セカンドステージ新保険」が、発売1年で加入者数50万人を達成しました。同保険は商品開発部が山本隆一課長をリーダーにして念入りに考案した商品です。消費者の要望を機敏にとらえた優れた企画でヒット商品になりました。

　会社は、商品開発部の会社業績への多大な貢献を感謝するとともに、感謝状と顕彰金10万円を同部に贈呈いたします。

　　ジョン・ブルック
　　総務部長

[語彙]　commendation 名「表彰」／subscription 名「予約（申し込み）、加入」／benchmark 名「水準、基準」／outstanding 形「顕著な」／award allowance 名「褒賞金」

例 2

From:	Vice President, Administration Dept.
Date:	12-Nov-08 11:23
To:	All Employees
cc:	
Attach:	None
Priority:	L
Subject:	SPECIAL AWARD TO MR. R. YAMAMOTO

Dear Colleagues,

Mr. Ryuichi Yamamoto, Manager, Consumer Products Dept., has just completed his 20th year at LIFE STYLE. Mr. Yamamoto has been fully involved in the development and distribution of our new product "BioWater." This new beverage product originates mainly from organic vegetables and focuses on the health-oriented market. Mr. Yamamoto concentrated lots of his efforts on expanding its markets and the product has successfully been distributed to supermarkets in all regions of Japan and now boasts a No. 1 share in the health-drink market.

The management duly recognizes the significant extent of Mr. Yamamoto's contributions to LIFE STYLE and thus awards a Special Award of JPY 1 million to Mr. Yamamoto. At the same time, after approval at the next board meeting, we will nominate Mr. Yamamoto as Senior Vice President in charge of health-drink products.

Let us all wish Mr. Yamamoto all the best for his future responsibilities.
Cornelius Papadros, Vice President, Administration Dept.

表彰 ■ Official Commendation

和訳

「某外資系企業 —社内表彰—」

差出人： 副社長、総務部
日時： 2008年11月12日 11:23
宛先： 全社員
CC：
添付ファイル： なし
重要度： 低 (L)
件名： 山本隆一氏の特別表彰

各位

　商品開発部の山本隆一課長は、当社「ライフスタイル」における勤続20年を迎えました。山本氏は、当社の新商品「バイオウォーター」の開発と販売に深く関わってこられました。この商品は有機野菜を主原料とする新タイプの健康飲料で、健康志向型市場を狙ったものです。山本氏のご尽力により、「バイオウォーター」は日本全国のスーパーで販売されるようになり、現在、健康飲料のシェア第1位を占めるまでに成長しました。

　当社は山本氏の会社業績への多大なる貢献を認め、氏に特別功労金100万円を贈呈いたします。また、次の役員会の承認を受けて、氏を健康飲料担当上席副社長に指名いたします。

　今後も一同、当社における山本氏のいっそうのご活躍を祈念しております。

　コーネリアス・パパドロス
　総務部副社長

[語彙] distribution 名「販売」／beverage 名「飲み物」／originate 動「～に由来する」／organic vegetable 名「有機野菜」／boast 動「～を誇る」／duly 副「しかるべく」／nominate 動「～を指名する」

●覚えておきたい表現

① 業績を述べる

1. 「鈴木氏は我が社の野菜ジュースの国内での**市場拡大**に多大なる**努力**をされました。そしてその製品は国内の広範囲のスーパーで販売されています」
   Mr. Suzuki **worked hard to expand the markets** for our vegetable juice, and the product has successfully been distributed to grocery stores in every region of Japan.

2. 「山田氏の業績により、そのゲームは子どものみでなく、大人にも人気を博しました」
   Owning to Mr. Yamada's contribution in sales, the game has become popular not only with children but also with grownups.

3. 「阿部氏とそのチームの開発による大型カスタードプリンは、全国のコンビニエンスストアにおいて、昨年度の同月と**比較して**50％増の売り上げになりました」
   The large-sized custard pudding, developed by Ms. Abe and her team, **increased its sales** by 50% compared with the same month last year.
   (compared with「～と比較して」(この意味では comparing with としない))

4. 「田中氏が、働く女性は夜洗濯をするので、部屋干し用の洗剤が必要であることを見出し、結果的に新しい洗剤の開発につながりました。これは当社に大きな利益をもたらしました」
   Ms. Tanaka **found the fact** that working women do the washing at night and hang the laundry inside the room, which consequently led to the development of a new detergent. **It has brought big profits** to our company.

② 褒めるべき点を述べる

1. 「経営側はこの成功をもたらした技術部第7課の努力に感謝します」
   The management **appreciates the efforts** of Technical Department Group 7, who [that] have been behind such successes.

2. 「今年の売り上げが大きく増大したことにより、仙台支店の貢献を認めます」
   We recognize the contributions of the Sendai Branch for its great increase in

表彰 ■Official Commendation

sales this year.

3. 「田中氏が詳しい市場調査により、男性が大型カスタードプリンを食べたがる傾向を見出し、このニーズに合う商品を開発したことを賞します」
We praise Mr. Tanaka for conducting a detailed market survey and discovering that men tend to like [favor] bigger custard puddings. **We also praise** the development of the new bigger custard pudding that meets this demand.

4. 「他社に先駆けて新しいプリンターを研究開発したことを表彰します」
We praise the research and the development of the new printer prior to other companies. (prior to ～「～に先駆けて」)

③ 賞状や賞金がある場合は書く

1. 「技術部第7課に10万円の賞金とともに感謝状を授与します」
We would like to award our Certificate of Commendation as well as an Award Allowance of JPY 100,000 to Technical Group 7.

2. 「我々は鈴木氏を野菜ジュース開発課の課長に推挙いたします」
We will promote Mr. Suzuki to Chief Manager in charge of developing vegetable juice products.

3. 「販売を倍増させてくださったことを賞賛します。そして賞金50万円を贈呈します」
We would like to commend you on doubling sales this year. We would also like to present you with an award of JPY 500,000.

■Writing Tips

顕彰を書くときの注意点

1. 業績を時間順に述べる。
2. 数字などを挙げ、具体的に説明する。
3. 褒めるべき点を書く。
4. 賞状や賞金がある場合は書く。

始末書　Written Apology

Point　始末書は過失などで会社に損害を与えた場合に、責任を負う者が書きます。始末書には次の項目が含まれます。①宛先、②差出人、③日付、④題名、⑤過失の内容、⑥過失の原因、⑦謝罪、⑧これからについて、⑨署名、部署。

　　　　　　　　　　　　　　　　　　　ABC Systems
　　　　　　　　　　　　　　　　　　　3-35-60 Ginza, Chuo-ku
　　　　　　　　　　　　　　　　　　　Tokyo, Japan 104-0061

① TO: Mr. James Jordan, Manager of Personnel Affairs
② FROM: Taro Yamashita
③ DATE: September 20, 2008
④ SUBJECT: Apology for Absence without Leave

⑤ On September 18, I was absent from work without giving notice of leave of absence.　⑥ Because I was seriously ill, I could not call the office.

⑦ However, I deeply regret this oversight, because my absence caused confusion in the office. I apologize for my mistake.

⑧ In the future, I will never cause a problem like this again.

　Sincerely,

⑨ Taro Yamashita
　Accounting Department

---

①宛先　　　　　　　　　　　⑤内容
②差出人　　　　　　　　　　⑥原因
③日付　　　　　　　　　　　⑦謝罪
④題名　　　　　　　　　　　⑧今後について
　　　　　　　　　　　　　　⑨署名、部署

始末書 ■ Written Apology

和訳

「無断欠勤についての始末書」

> エイビーシー・システムズ
> 〒104-0061
> 東京都中央区銀座3-35-60
>
> 人事部ジェームズ・ジョーダン様宛
> 山下太郎より
> 2008年9月20日
> 無断欠勤に対する謝罪
>
> 私は9月18日に無断欠勤いたしました。重病だったために、会社に電話をすることができませんでした。
>
> しかし、私の不始末で仕事に支障をきたしたことを後悔し、お詫びを申し上げます。
>
> 今後はこのような不始末をしないように気をつけます。
>
> 敬具
>
> 山下太郎
> 経理部

[語彙] absence without leave 熟「無断欠勤」／notice 名「予告、通知」／oversight 名「手落ち、不始末」

89

●覚えておきたい表現

① 始末書の題名

1. 「書類紛失に対する謝罪」
   Apology for the loss of the documents

2. 「泥酔して暴力を振るったことに対する謝罪」
   Apology for violence from drinking

3. 「誤ってシステムエラーを引き起こしたことに対する謝罪」
   Apology for the system error due to my mistake

4. 「顧客の個人情報を流出させたことに対する謝罪」
   Apology for revealing the private information of the customers

② 過失の内容を伝える

1. 「私は9月18日に無断欠勤をしました」
   Though I did not come to work on September 18th, I had not called the office in advance [I did not call in sick that day].

2. 「9月18日には早朝に会社に欠勤の電話を入れるべきでした」
   I should have called the office to report my absence early in the morning on September 18.

3. 「機械操作を行う前に、よくマニュアルを読むべきでした」
   Before operating the machine, **I should have read** the manual carefully.

4. 「私のパソコンにファイル交換ソフトが入っていたことに気づかず、顧客名簿がインターネット上に流出していました」
   Not recognizing that my computer had file-swapping software, the names of the customers were exposed on the Internet. (file-swapping software「ファイル交換ソフト」)

③ 謝罪の表現

1. 「仕事上の問題を引き起こして申し訳ありません」
   I regret causing trouble in the office.

2. 「私の不始末で仕事に支障が出たことを謝罪します」

始末書 ■Written Apology

I apologize that my mismanagement caused confusion in the office.

3. 「コンピューター上の大切な書類を紛失したことをお詫びします」
I am sorry for the loss of the important documents on the computer.

4. 「当社の不注意でお客様にご迷惑をおかけしましたことを深くお詫びいたします」
We deeply apologize for causing trouble to our customers through our carelessness.

④ 今後について

1. 「これからは同様の失敗をしないようにします」
I will never make the same mistake again in the future.

2. 「今後このような問題を起こさないように気をつけます」
From now on I will be very careful not to cause any problems like this.

3. 「これからは失敗をしないように努力しますので、今回のことにつきましては寛大な措置をお願いいたします」
In the future, I will try my best not to cause any problems such as this again. Therefore, I ask for your clemency.

4. 「ファイル交換ソフトを直ちに削除し、これからは顧客の情報の取扱いには細心の注意を払います」
We will delete the file-swapping software immediately, and will be extremely careful about the customer information from now on.

■Writing Tips

始末書を書くときの注意点

1. 社内で文書の形式が決まっていればそれに従う。
2. 正直にわかりやすく書く。
3. 謝罪するために書くので、自分を正当化しない。
4. 将来再び不始末を犯さないと書いて、相手を安心させる。

コラム③　「フォーマルな言い方の効用！」

加藤　寛

　しゃちこばった（＝フォーマルな）書き方をしなければならない機会、たまにありますね。業務で社内に通知を出す場合や、契約書・覚書を作る場合。それ以外でも、例えば"私は怒っているんだ"という姿勢を強く出したいとき、わざわざフォーマルな物の言い方をします。ひとつの例：

　We talked about the money I lent you two months ago. You said you would repay me in a few weeks. I really hope you will.

　（私が２カ月前に君に貸したお金のことで話しあったよね。君は２、３週間したら返すよ、と言っていたよね。そうしてもらえることを心底願っているよ）

　これなら、貸した金は「返ってくればいいなあ」といった希望程度です。では次はどうでしょうか。

　Reference is made to the specific amount of money that is owed by you for the last two months. You will recall that you made it clear earlier that the repayment would be completed within next two weeks. I shall expect adherence to your words.

　（貴君がこの２カ月間借りておられた特定金額の件で問い合わせをします。貴君が２週間以内に全額返済すると言明しておられたことを思い出していただけますね。言葉をたがえることなどないことと思っております）

　これにより、借金した人は"返さないとちょっと怖いかも"と思ってほしいところです。

第4章

用途別・英文ビジネス文書最新実例集

採用通知	94	契約書	144
業務報告	98	承認・同意を示す文書	150
業務改善提案	102	値上げ等のお知らせ	158
研究報告	106	相手に行動を起こすことを促す文書	
礼状	112		162
書類・資料等の送付の案内	116	相手の承認・了解を求める文書	166
見積書	120	相手に説明を求める文書	170
注文書	124	相手の返事を求める文書	174
支払い督促状	128	相手の誤解を解く文書	178
懇談会、セミナー、会合などへの		了解事項などを確認する文書	182
招待の文書	132	祝辞を述べる文書	188
詫び状	136	悪い知らせを伝える文書	192
業務引継ぎ案内	140	相手の要求を断る文書	196

採用通知　Notification of Appointment

Point 採用通知の主な構成要素は次の8点です。①会社名と住所、②日付、③相手の名前と住所、④書き初めの挨拶、⑤採用された事実を述べる、⑥仕事を始めるための手続きや規則などを述べる、⑦まとめの言葉、⑧送り主の署名と所属部署。

---

① ABC Systems
3-35-60 Ginza, Chuo-ku
Tokyo, Japan 104-0061

② January 20, 2009

③ Mr. Thomas Brown
3665 Fort Street
Lincoln, Illinois 68093
U.S.A.

④ Dear Mr. Brown,

⑤ ABC Systems is pleased to inform you that we can offer you the position of Systems Engineer.

⑥ Before you start working, please fill in the four official forms in this envelope. Please send them back to me by February 15.

⑦ We are looking forward to working with you.

Sincerely,

⑧ Ken Tanaka
Personnel Department of ABC Systems

「採用通知」として最も典型的なものです。
①会社名、住所
②日付
③宛先
④最初の挨拶
⑤採用の通知
⑥手続き、規則
⑦まとめの言葉
⑧署名、部署

採用通知 ■Notification of Appointment

和訳

「コンピューターメーカ採用通知」

ABC システムズ
〒 104-0061
東京都中央区銀座 3-35-60

2009 年 1 月 20 日
トーマス・ブラウン様
〒 68093 アメリカ合衆国イリノイ州
リンカーン市フォート通り 3665 番地

トーマス・ブラウン様

ABC システムズは、ブラウン様をシステム・エンジニアとして採用いたしますというご通知を差し上げられることをうれしく思っております。

就業に先立ち同封いたしました 4 通の書類にご記入の上、2 月 15 日までに私宛にご返送くださいますようお願いいたします。

私どもはブラウン様と共に働くことを楽しみにしております。

敬具

田中　健
ABC システムズ　人事部

[語彙] be pleased to inform you that ... 熟「…ということを喜んでお知らせいたします」／position 名「職、地位」／fill in ～ 熟「～に必要事項を書き込む」(cf. fill out ～「～に必要事項をすべて書き込む」)

●覚えておきたい表現

① 採用が決まったという事実を述べる

1. 「貴殿が ABC システムズへのシステム・エンジニアとしての採用が決定したことをお知らせいたします」
   We are pleased to inform you that you have been accepted as Systems Engineer at ABC Systems.

2. 「おめでとうございます。貴殿は面接に合格され、採用が決まりました。ABC システムズは貴殿をシステム・エンジニアとしてお迎えすることを誇りに思います」
   Congratulations on your passing the interview! ABC Systems is proud to offer you a position as Systems Engineer.

② 書類を同封する

1. 「4通の公式の書類を同封いたします」
   We are sending you four official forms in this envelope.

2. 「4通の公式の書類が同封されています」
   Four official documents are enclosed.

3. 「通勤の交通費の請求用紙と給料の銀行振り込みの申し込み用紙を同封いたしました」
   We have enclosed a form for you to enter your commutation expense and an application form for the transference of the salary to your bank account.
   (enter「〜を記入する」／commutation expense「通勤費」)

③ 手続き・規則

1. 「4月1日午前8時に受付に寄って、鍵と必要書類をお受け取りください」
   Please stop by the reception desk at 8:00 a.m. on April 1, where you will receive the (required) keys and documents.

2. 「貴殿のために研修コースの準備をしていますので、4月1日午前8時45分に412号室にお越しください」
   We will prepare induction courses for you, so please come to Room 412 at 8:45 a.m. on April 1. (induction course「新人研修」)

3. 「4月1日の午後6時より3階社員食堂において、新入社員歓迎会を開催いたしますのでご出席ください」
A welcome party for the company recruits will be held at the cafeteria on the third floor of the company building at 6:00 p.m. on April 1st. Please join us.

■Writing Tips

採用通知を書くときの注意点

1. まず採用が決まったことをはっきりと述べる。
2. 仕事を始めるための手続きや規則などには様々な種類が考えられる。例えば相手が来日して働く場合は、ビザ取得のための書類の提出などが必要である。また後日のトラブルを防ぐために、労働条件を明示したほうがよい。例えば就労時間、就業規則、給与、業務内容、有給休暇の規定などである。契約書の形式にしてもわかりやすいだろう。その他の書類は、給与の振込み先記入用紙、交通費の請求用紙などが考えられる。採用通知には、どの種類の用紙が入っているかを明記する。

業務報告　Business Report

Point　日本に展開する外資系自動車メーカーが社内通信として特定車種の販売方針を社内連絡します。ここは現在主流となっている、E メールによる通信スタイルとなっています。

---

① From:　　Director, Sales Dept. DASSON MOTORS
② Date:　　12-Apr-09 15:31
③ To:　　Selected Sales Dept Employees
　 cc:
④ Attach:　None
⑤ Priority:　H
⑥ Subject:　SHORT-TERM SALES STRATEGY FOR "EMPEROR MX"

⑦ Dear Colleagues,

It is with pleasure that I announce the great achievement of selling more than 300,000 units of our mainstream product "Emperor MX" during the second half term (October 2008 through March 2009). Accumulated total sales thereof now exceed the half million mark, since its October 2006 premiere debut.

Such results were well beyond our initial expectation of annual sales volume by as much as 40%, and we expect this strong sales trend to continue. Unique in our 70 years of operations, this great product of ours is now performing even better than the "Mermaid Z", which sold as many as three million units, with improvements over the years since its debut as our mainstream product in the 1960's.

"Emperor MX" will now be positioned as our current mainstream product and with increased efforts in advertising, we intend to increase its sales volume even further in the months to come. More precisely, starting November of this fiscal year, TV commercials will be extensively broadcast mainly through key privatized TV stations.

業務報告■Business Report

①差出人名　②日付　③送付先　④添付ファイルの有無　⑤重要度　⑥件名　⑦本文

和訳

「某外資系自動車メーカー　―業務報告―」

差出人：　ダッソン自動車　販売営業部長
日時：　2009年4月12日　15:31
宛先：　販売営業部の一部の社員
Cc：
添付ファイル：　なし
重要度：　高（H）
件名：　「エンペラーMX」の短期販売戦略

関係者各位

　今年度下半期（2008年10月-2009年3月）における当社の主力車種「エンペラーMX」の販売台数が、30万台を突破したことを報告いたします。2006年10月の販売開始より、累計販売台数は50万台を超えました。
　この数値は、当社が販売開始時に立てた年間売り上げ目標を40％も上回る好成績で、今後もこの優勢な販売傾向は続くと期待しています。同車は当社のこれまで70年に及ぶ長い歴史の中で見ても、1960年代に当社の主力車種として投入され改良を加えつつ累計300万台を売り上げた「マーメイドZ」をしのぐものです。
　当社としましては、「エンペラーMX」を社の看板商品として位置づけ、宣伝広告に力を注ぎ、販売台数を今後も大幅に伸ばしていく考えです。具体的には、今年度11月より、主要な民放テレビ局を中心にテレビコマーシャルを増やしていく方針です。

[語彙]　short-term 形「短期の」／sales strategy 名「販売戦略」／It is with pleasure that I ... 熟「…するのは私の大きな喜びとするところです」／achievement 名「成果」／mainstream 形「主力の、主流の」／accumulated 形「累積の」／thereof 副「それの」／exceed 動「～を超える」／premiere 名「初公開」／sales volume 名「売上高」／improvement 名「改良」／privatized 形「民間の」

99

● 覚えておきたい**表現**

① 数字を挙げる

1. 「この半期の WSPC842II の売り上げが 5,000 台に達したことを発表できるのは喜ばしいことです」
   It is our pleasure to announce the achievement of **more than 5,000 units sold** of our WSPC842II in the last six months.

2. 「2012 年の気象衛星打ち上げのための NII 型ロケットの受注に成功したことをご報告します」
   We will report that our company **has successfully received an order** for the NII-type rocket that is to launch weather satellites in 2012.

3. 「この 1 年間で我がドラッグストアのチェーン店を 15 軒開店しましたことをご報告します」
   We are proud to announce that our drugstore chain **has opened fifteen new stores** in the past year.

4. 「この半期で当支店の定期預金の預金高が 80 億円に達しました」
   The sum of the time deposit of our branch has come up to as much as 8 billion yen for this half-year accounting period. (time deposit「定期預金」(fixed deposit とも言う))

5. 「当社は今年度、前年度より中国への自動車の輸出額が 40%増加しました」
   The total export value of the automobiles to China of our company **has increased** by 40% compared with the previous fiscal year. (the previous fiscal year「前(会計)年度」)

② 分析する

1. 「この 200 億円という売上高は、世界のこの業界全体の 25%のシェアとなります」
   The total retail sales of 20 billion JPY **represent 25% of the entire world's share** in this field. (sales「売上(高)」は複数扱い)

2. 「45 億円の利益は昨年設定した目標額の 10%増となります」
   The profit of 4.5 billion JPY is **10% higher than our goal** that we set last year.

業務報告 ■Business Report

3. 「株価が下がったために定期預金の安全性が問題になっている。というのも団塊世代が退職金の大部分を定期預金につぎこんでいるからだ」
Because of the recent lower share prices, the safety of time deposit was put into question again. This is significant because baby boomers **have placed a large share of their retirement allowances into time deposits.** (retirement allowance「退職金」(retirement benefits とも言う))

4. 「中国では富裕層の間で自家用車所有への意欲が高まっています」
Consumer interest in **automobiles is rising** among the wealthy classes in China.

③ 将来への展望

1. 「我々はこれから将来にわたり何年も売上を増やしていく所存です」
We intend to increase our sales volume even further in the years to come.

2. 「来年度の売上目標額は今年の売上高の 8% 増とします」
Our goal of the sales volume next fiscal year will be 8% higher than that of this year.

3. 「この 4 月の会計年度から我が社は新聞の日曜版に徹底的に広告を載せる予定です」
Starting April of this fiscal year, **our company will make extensive use of** newspaper advertisements in the Sunday papers.

4. 「来年度は中国の富裕層のニーズにかなう高級車の売り上げを 30% 伸ばすことを目標にします」
Our goal of the next fiscal year is to increase the sales volumes of luxury cars by 30% to meet the demand from the wealthy classes in China.

■Writing Tips

業務報告を書くときの注意点

1. 起こったことを時間順に並べる。
2. 販売台数などの正確な数字を挙げる。
3. 市場トレンドなどを分析する。
4. 結びに将来への展望を入れてもよい。

業務改善提案 Business Improvement Proposal

Point 「提案（Proposal）」は一般社員から経営陣にする「目安箱」的なものから、業務として検討した結果の提案を上司に提出するものなど、いろいろなレベルのものがあります。ここは後者の例です。

日本語では一つの文節（パラグラフ）で済む場合も、英文にする場合はいくつかのパラグラフに分けるほうが読む際にすっきりするケースがあります。各パラグラフの内容で区切る場所を決めます。

---

① From: Director, Administration Dept.
② Date: 12-Apr-09 15:31
③ To: Vice President, Human Resources
             Vice President, Sales
   cc:
④ Attach: None
⑤ Priority: H
⑥ Subject: PROPOSAL FOR NEW PERSONNEL REGULATIONS

⑦ Dear Sirs,

Recently, various media reports on corporations, whose unpaid overtime practices have been revealed and reproached. Regrettably, YOSAN is not completely blame-free on this matter. Approximately one half of YOSAN's departments have recorded increases in total overtime hours. The Sales Department in particular had as much as a 125% increase over the previous year's overtime hours during the first half of this fiscal year.

Such increases are mainly due to the fact that a larger number of new consumer products than the previous year have been launched in the first half-year period. In this regard, sales staff had to contend with an appointment time well beyond normal business hours in order to deal with their counterparts from major household appliance stores for the purpose of carrying out the required market surveys for new products.

Because of this, returning to the office would become much later than

業務改善提案 ■Business Improvement Proposal

normal and by the time daily reports were compiled; it could be as late as 23:00 hours. There is an increasing number of sales staff who choose to work at home to produce the daily reports and market survey reports. It is not unusual for a staff member to accumulate as much as 120 hours in monthly overtime.

According to YOSAN regulations, monthly total overtime hours per employee are limited to 40 hours, and excess thereof cannot be carried over to the following month. For this reason it should be noted that unpaid overtime hours will only increase, and in view of CSR (company social responsibility), such a fact, if revealed, may result in a damaged reputation for YOSAN.

As a means to counter such a possible calamity, I hereby propose to amend our personnel regulations so that an employee who has accumulated more than 40 hours of overtime in a specific month, and who has returned to YOSAN at later than 22:00 hours on one day in the same month, should be allowed to start his work of the following day beginning at 12:00 hours.

①差出人名　②日付　③送付先　④添付ファイルの有無　⑤重要度　⑥件名　⑦内容

> 和訳

「家電メーカー業務改善提案」

差出人：総務部長
日時： 2009年4月12日　15：31
宛先： 人事部副社長／販売部副社長
cc：
添付ファイル： なし
重要度： 高（H）
件名：新しい就業規則に関する提案

関係者各位

　最近メディアが会社のサービス残業について報道し、問題にしている。当YOSANもこの件に関して問題がないというわけではない。YOSANの約半数の部署で総残業時間数の増加を記録しているからである。ことに営業部門での増加が著しく、上半期は前年度比125％の増加になっている。
　この主たる原因は、前年度に比べ今年度上半期に新商品の投入があったことによる。この件で営業部員は市場売れ行き調査などで大手家電量販店の担当者に面会を求めても、営業時間外での面談に応じなければならなかったためである。
　このために、帰社時間が大幅に遅れ、営業日誌を作成していると夜の11時になってしまうことが常態化している。従業員の中には、営業日誌や市場調査レポートを自宅で書くようにしているケースも増えている。（このようなわけで）総残業時間数120時間を超える従業員も珍しくなくなってきている。
　YOSANの規定では残業代は月40時間までしか認められていず、繰越もできないことになっている。それゆえサービス残業が増える一方であり、会社の社会的責任という見地から、もしこのような事実が明らかにされたときには、YOSANの評判に傷がつくことになる。
　そこでこのような大事を回避する対策として残業時間が月40時間を超え、かつ、帰社が10時を回った者については午後からの出社を認めるようにするという修正条項を就業規則に入れることを提案したい。

[語彙] **unpaid overtime practice** 熟「賃金未払いの残業慣行（サービス残業）」（**unpaid overtime** だけでもこの意味で使うことがある）／**reproach** 動「〜を非難する、槍玉に上げる」／**blame-free** 形「非難を受けない」／**consumer product** 名「消費者製品」／**contend with 〜** 動「〜に対処する」／**household appliance store** 名「家電量販店」／**subsequently** 副「その後」／**carry over to 〜** 熟「〜に繰り越す」

業務改善提案 ■Business Improvement Proposal

●覚えておきたい**表現**

① 改善の動機を述べる

1. 「最近サービス残業が増えていると報道されている」
   It has been reported in the media that the practice of unpaid overtime has been increasing recently.

2. 「我が社の業績が広告されていない」
   The achievements of our company have not been fully reported to the public.

② 現状を説明する

1. 「このCH973型のイスは市場シェアが落ちている」
   The market share of the chair Type CH973 has been decreasing.

2. 「退職した団塊の世代は楽器やオートバイを買うようになっている」
   Baby-boomers, many of whom have entered retirement, tend to buy musical instruments and motorcycles.

③ 改善点を提案する

1. 「社則を改正することを提案する」
   We propose to amend the regulations of the company.

2. 「VS354型の小型版を開発することを提案する」
   May we suggest developing a smaller model of Type VS354?
   (May we suggest 〜は「〜してはいかがでしょうか」というニュアンスの表現)

3. 「旭川に支店を出すという解決策もあります」
   One possible solution would be to open a branch in Asahikawa.

■Writing Tips

業務改善提案を書くときの注意点

1. 趣旨をはっきり示す。
2. 現状を例をいくつか挙げて説明する。
3. 改善すべき点を具体的に提案する。

研究報告　Press Release

Point ここで言う「研究報告」は、具体的には新技術の開発をメディアに通知する、プレスリリースです。プレスリリースの常識として、あたかも新聞記事原稿のように作成し、頭は発信場所と日時、最後は「###」で締めることとなっています。通常時制は現在形を中心に使います。また、メディアが公表の際の原稿の長短を決め、どこで切ってもかまわないよう、段落毎に内容をまとめます。通常は「ダブルスペース」、即ち2行分のスペースに1行を印刷します。

①　NEW JAPAN ELECTRONICS
1-2-3 MARUNOUCHI, CHIYODA-KU, TOKYO
Public Relations Dept. Tel／Fax: (03) 1111-9999

②　NEWS RELEASE

③　Subject: New Technology for Fingerprint Recognition
④　From: H. Ito, Vice President — Public Relations Dept.

⑤　Tokyo, Thursday, March 22, 2009 16:00
⑥　NEW JAPAN ELECTRONICS (NJE) announces the successful development of a new technology aimed at quick recognition of fingerprints by means of laser beams, a recent achievement made possible by its R&D Center.

The conventional method of recognizing fingerprints analyzes photographical images obtained through reflected laser beams on the fingers, making extensive use of prismatic refraction. However, it is widely acknowledged that this conventional method has its limit in the depth of resolution. NJE's R&D Center chose to do away with prisms, and its new product directs a laser beam directly to a finger (usually the index finger) and records its reflected and distracted lights to a CCD (Charge Coupled Device) camera that can perceive very weak light signals. The optical system immediately matches the recorded data with the fingerprint data previously stored in the system to decide almost simultaneously (approximately one second) whether or not a match exists.

The new product is expected to create new and effective options for major banks' ATM machines and for the fingerprint matching duties of the police. NJE intends further to enhance the system by shortening the response time and reducing the laser beam output level at the same time.

###

①会社名・住所　②タイトル　③件名　④差出人名　⑤日付　⑥内容

> 和訳

「電子機器メーカーニュースリリース」

ニュージャパンエレクトロニクス株式会社
東京都千代田区丸の内１-２-３
広報部　電話／ファックス兼用：(03) 1111-9999

ニュースリリース

件名：指紋認証技術の開発
発信者：伊藤副社長―広報部

2009年3月22日（木曜）　16：00　東京

　ニュージャパンエレクトロニクス株式会社（NJE）は、当社の商品開発研究所で、最近、レーザー光を利用した短時間で認証できる指紋読み取り機の開発に成功したことを発表いたします。
　従来の指紋読み取り機は、指に照射したレーザー光からの反射光を、プリズムを利用してカメラ撮影し、分析していました。しかし、この方法では解析度に限界があることが広く知られています。当社の研究開発チームが開発した新製品は、プリズムを通さないで、指（主として人差し指）の指紋に直接レーザー光を照射し、その反射光や散乱光を微弱光でも解析できるCCDカメラ（Charge Coupled Deviceカメラ）に直接撮影します。そうして記録されたデータを、前もって登録されている指紋と照合することによって、本人確認が瞬時に（およそ１秒）判別できる光学読取装置です。
　本機は、銀行のATMや警察の指紋照会などに大いに役立つことが期待されています。なお、今後はレーザー光の出力をさらに下げながら、解析時間をさらに短くする工夫を重ねてまいる所存です。

[語彙]　**aim at ～**熟「～を目指す」／**recognition**名「認証、認識」／**laser beam**名「レーザー光」／**achievement**名「成果」／**conventional**形「従来の」／**reflected laser beam**熟「レーザーからの反射光」／**prismatic refraction**熟「プリズムによる屈折」／**depth of resolution**熟「解像度」／**direct**動「（光線）を当てる」／**distracted**形「散乱した」／**optical**形「光学の」／**fingerprint matching duty**熟「指紋の照合」／**enhance**動「～を高める」

研究報告 ■Press Release

●覚えておきたい**表現**

① 要旨

1. 「東北電子工業はレーザー光線によって直ちに虹彩を識別する新しい技術を開発したと発表した」
   TOHOKU ELECTRONICS (TE) **announces the development of new technology** aimed at quick recognition of irises by means of laser beams.

2. 「四国食品はレトルト技術によって、10年間保存できるカレーを開発したと発表した」
   Shikoku Food Products **reports that the company developed** reheatable packs of curry and rice that can be stored for ten years.（reheatable「温め直すことができる」）

3. 「朝日電気は建物の階段を上下しながらすみずみまで掃除をするロボット型掃除機を開発したと発表した」
   Asahi Electric Company **announces that its technical group has developed** a robotic vacuum cleaner that can clean stairs by going up and down by itself.

4. 「山本電機は直角に曲がるエスカレーターを新たに開発した」
   Yamamoto Electric Co., Ltd. **has developed** an escalator that can make a 90 degree turn.

5. 「佐藤製作所は人の補助なしで階段を昇降できる車椅子を開発した」
   Sato Manufacturing Corporation **has developed** a wheelchair that can move up and down the stairs without a personal assistant.

6. 「小杉研究所は患者が体外に装着して機能する人工心臓を開発した」
   Kosugi Institute **has created** an artificial heart that patients can wear outside of their bodies.

7. 「松本自動車工業はアクセルとブレーキを踏み間違えないように、ブレーキは足で操作し、アクセルは手で操作する車を発表した」
   Matsumoto Automobile Company **has released** a car whose brake is handled by a foot and whose accelerator is handled by a hand. In this way, a driver will not misuse the brake and the accelerator.（in this way「この方法によると、このようにして」）

② 製品の特徴を説明する

1. 「弊社の新製品は弱い光線を虹彩に当て、その反射光を特殊なカメラに記録します」

   Our new product directs a weak beam to the iris and records the reflected light to a special camera.

2. 「当社が開発した製法では、食品の中の酸素を除去することによって食品の酸化を防ぐことができます」

   By removing the oxygen from the food, **the method developed by our company can** protect it from becoming oxidized. (becoming oxidized「酸化する」)

3. 「ロボットの視線に入った光景はコンピューターの画像として立体的に合成され、ロボットは空間を感じて、階段を掃除しながら上下することができます」

   The view seen by the eyes of the robot is reproduced as a 3-dimensional image on the computer. From this image, the robot can sense the extent of space and go up and down the stairs, while vacuuming them.

4. 「この回転装置は直角に曲がる部分のステップの組み合わせ方を工夫したことにより実現した」

   This turning apparatus **could be realized** by the innovation of the combination of the steps that bend at a right angle.

5. 「当社の商品開発チームは車椅子に大型のキャタピラを取り付け、階段を昇り降りできるようにした」

   Our product development team equipped a large caterpillar under the wheelchair so that the user can move up and down the steps. (equip「〜を取り付ける」)

6. 「研究員たちは人工心臓を体外から患者の血管につなぐ方法を発明した」

   The members of the institute **invented a method** to connect the artificial heart from outside the body to the blood vessels of the patients. (blood vessel「血管」)

③ 将来の展望

1. 「我が社の技術チームは反応にかかる時間を短縮することによって、システ

研究報告■Press Release

ムを改良していく意向である」
Our technical group intends to further enhance the system by shortening the response time.

2. 「そのレトルト保存食品は緊急時の備品として需要が見込まれるだろう」
Our reheatable packages of processed food **will serve as** a preserved food supply in case of an emergency.（preserved food「保存食」）

3. 「そのロボットはデザイン次第では階段掃除機のほかにペットとしても需要があるだろう」
The robot will serve not only as a vacuum cleaner for the stairs **but also as** a pet, depending on the design requirements.

4. 「この新型の車椅子はこれからの高齢化社会で高齢者が介護者なしで外出するときに必要な機種になるだろう」
This new wheelchair **will be a necessary model** in the future aging society when senior citizens will want to go outside without a personal assistant.

5. 「この新しいブレーキとアクセルを取り入れた新型車は、ブレーキとアクセルの踏み間違えによる交通事故を減らし、運転者や歩行者に安心感を与える車種になるだろう」
These new brakes and accelerators will decrease the number of traffic accidents caused by the misuse of both devices. So the new **car will provide a sense of security** both to drivers and pedestrians.（sense of security「安心感」）

■Writing Tips

研究報告を書くときの注意点

1. 新聞記事の様式で書く。
2. 日時、場所をはっきりと書く。
3. 要旨を初めに書き、説明を加えていく。

礼状　Letter of Appreciation

Point　礼状の主な構成要素は次の8点です。①会社名と住所、②日付、③相手の名前と住所、④書き始めの挨拶、⑤お礼を述べる、⑥お礼の理由を述べる、⑦まとめの言葉、⑧送り主の署名と所属部署。

① ABC Systems
3-35-60 Ginza, Chuo-ku,
Tokyo , Japan 104-0061

② January 20, 2009

③ Mr. Thomas Brown
3579 Sherman Street
Janesville, Wisconsin 53545
USA

④ Dear Mr. Thomas Brown,

⑤ Your contribution to the development of the system "Edu 3" is highly appreciated by our customers. Without your accurate advice, the system errors would not have been fixed promptly.

⑥ We are still collecting feedback from our customers; complaints were reduced by 80% this month, compared with those of last month.

⑦ ABC Systems will look forward to your future advice and suggestions.

Respectfully,

⑧ Hiroshi Suzuki
Manager of "Edu 3" Project

①会社名と住所：このようにすべて左詰にしてそろえる書き方もありますが、通常は中央または、右手に置きます。
②日付：通常、会社住所の下に入れます。
③相手の名前と住所：入れるのが正式です。
④日本の手紙の「拝啓」に相当する言い方で、入れるのが正式です。
⑤⑥お礼は、まずお礼を述べ、できればその理由も述べるとよいでしょう。
⑦まとめ
⑧署名、部署

礼状 ■Letter of Appreciation

和訳
「礼状」

```
                                ABC システムズ
                                〒 104-0061
                                東京都中央区銀座 3-35-60
2009 年 1 月 20 日

トーマス・ブラウン様
〒 53545 アメリカ合衆国ウィスコンシン州
ジェーンズビル市シャーマン通り 3579 番地

トーマス・ブラウン様

貴殿の「エデュ3」システムの開発へのご貢献は、お客様から大変感謝されております。ブラウン様の正確なご助言なしには、システムエラーは迅速に修復することはできなかったと思われます。

私どもはお客様のご意見を伺っておりますが、今月は先月に比べて、苦情が 80% 減少いたしました。

ABC システムズは、貴殿のこれからのご助言とご提案を期待しております。
                                                        敬具


鈴木　宏
「エデュ3」プロジェクト・マネージャー
```

[語彙]　contribution (to) 名「(〜への) 貢献」／development 名「開発」／be highly appreciated 熟「大変感謝されている」／accurate 形「正確な」／fix 動「〜を修復する、〜を修理する」／promptly 副「すぐに、迅速に」／voice 名「意見」／complaint 名「苦情」／compare with 〜 熟「〜と比べる」

●覚えておきたい表現

① 感謝の表現

1. 「「エデュ3」に対するご助言をありがとうございました」
   Thank you for your advice on the "Edu 3" project.

2. 「「エデュ3」に対するご助言をありがとうございました」
   We appreciate your advice on the "Edu 3" project.
   （appreciate は他動詞なので、すぐ後に for を付けない）

3. 「設計図をありがとうございました」
   We wish to express our appreciation for the blueprint.
   （want と同意で wish を使うのは文章体での用法）

4. 「アンケートにお答えいただきましてありがとうございました」
   Thank you for answering the questionnaire.

5. 「このたびは、当社の製品をお買い上げいただきましてありがとうございました」
   We appreciate selecting [purchasing] our company's products.

② 何を感謝するのかを述べる

1. 「新しいモデルの写真をお送りくださいましてありがとうございました」
   Thank you for **sending us the photos** of the new models.

2. 「システム VHIII の改良にご尽力くださり、感謝しています」
   We appreciate **your efforts to improve the VHIII system**.

3. 「この研修は私の将来の仕事にとても役立つと思います。授業のための綿密なご準備をありがとうございました。その上、先生の問題点のまとめ方が印象的でした」
   This training course was very valuable for my future work. I deeply appreciate **your thorough preparation for the class**. Adding to that, the way you summarized the issue was impressive.

4. 「当社の燃料電池車の設計に関して、貴社が技術提携をしてくださることを技術陣一同深く感謝しています」
   Engineers of our company **deeply appreciate** your technical cooperation for

the design of the fuel-cell electric vehicles of our company. (fuel-cell electric vehicle「燃料電池車」)

5. 「新発売のブルーベリーチョコレートの包装のデザインに対するご批評を感謝いたします」
We appreciate your remarks on the package design of our new blueberry chocolate.

③ 礼状の最後に、結びの言葉や、将来への展望

1. 「貴殿がこれからも、わが社の将来の機械を設計してくださることを願っています」
We hope you will continue designing our machines in the future.

2. 「次回のプロジェクトにおいても、貴殿のご助言を期待しております」
I am looking forward to your advice for our next project.

3. 「この燃料電池車が地球環境を守る一翼を担うことができれば光栄に存じます」
Our company will be honored if this fuel-cell electric vehicle can help protect the environment.

4. 「斬新な包装デザインの新しいブルーベリーチョコレートの売り上げが伸びることを期待しています」
We expect the sales of the new blueberry chocolate, with its unique package design, to increase.

■Writing Tips

礼状を書くときの注意点

1. 礼状は時期を逸しないように早めに書く。
2. 何に対してのお礼なのかを具体的に書く。
3. 感謝の気持ちを表現するにしても、ビジネスレターではあまり大げさにならないほうがよい。
4. この礼状の内容が双方の将来につながることを示唆するまとめの文で終える。

書類・資料等の送付の案内 Letter of Transmittal

Point 書類・資料等の送付の案内では、①書類請求への感謝の意を伝え、②何を送付したのかを最初に明記します。できるだけ簡潔で機能的なものにすることがポイントになります。契約書の場合は2通作成し、両方にサインをし（countersign）、1通を返送してもらいます。

例 1

Dear Mr. Crawford,

① Thank you for your letter of Aug. 1 concerning educational programs.

② I am pleased to enclose the document which you have requested. I trust that this information will suit your needs. If you have any questions, please call me at 81-3-1234-5678. Please do not hesitate to contact me.

③ I appreciate your interest in our one-of-a-kind educational program. I look forward to the opportunity of serving you in the near future.

Sincerely yours,

Tomio Sato

①請求があったことを知らせる文面
②同封物があることを知らせるとともに、連絡先も明記する。
③結びの言葉

書類・資料等の送付の案内 ■Letter of Transmittal

> **和訳**
> 「送付案内」

> クロフォード様
>
> 8月1日付の教育プログラムに関するお問い合わせ、ありがとうございます。
>
> ご請求いただきました資料をお送りいたします。こちらの資料で我が社の商品のご理解が頂けるかと存じます。
> ご不明な点がございましたら、81-3-1234-5678 へ、ご遠慮なくお電話くださいますようお願い申し上げます。
>
> 他に類のない当社の教育プログラムにご関心をお寄せいただき感謝申し上げます。近い将来、本サービスをご提供できれば幸いです。
>
> 敬具
>
> 佐藤富雄

[語彙] concerning 前「～に関して」／ one-of-a-kind 形「比類のない」／ educational program 熟「教育プログラム」

例 2

> Dear Mr. Johnson:
>
> ① We are delighted to enclose two copies of our contract. Please countersign both and return one copy to us for our records. Additional information will be sent later.
>
> ② If you have any inquiries, please call me at 81-3-1234-5678.
>
> Sincerely yours,
>
> Tomio Sato

①同封物があることを知らせる。　　②連絡先も明記する。

> 和訳

「契約書送付」

> ジョンソン様
>
> 契約書を2通送付させていただきます。両方とも署名いただき、1通は保管、もう1通は弊社へ送付していただきたく存じます。後ほどさらに詳しい内容をお送りいたします。
>
> 何かございましたら 81-3-1234-5678 にお電話ください。
>
> 敬具
>
> 佐藤富雄

[語彙] **We are delighted to enclose ...**熟「…を同封したことをお知らせいたします」という意味合いで使う表現。／**countersign**動「～に副署する」／**inquiry**名「質問」

書類・資料等の送付の案内 ■Letter of Transmittal

●覚えておきたい**表現**

ビジネスの場面において、quotation「見積書」、price list「価格表」、catalog「カタログ」、contract「契約書」などの書類、あるいは品物を送付する場合は、「送達状」(letter of transmittal) を同封して送付します。この文書は、定型化されているものが多くあります。

① 送付した内容を明記する

送付した内容を明記する際には、
- **We are attaching** 〜.「〜を添付いたします」（郵便物の場合は attach は「同封する」の意味になる）
- **We are please to enclose** 〜.「〜を同封いたします」
- **We are pleased to attach** 〜.「〜を添付いたします」
- **I am enclosing** 〜.「〜を同封します」
- **Here is/are** 〜.「〜を同封します」
- **Enclosed / Attached is / are** 〜.「〜を同封／添付いたします」
- **Please find enclosed / attached** 〜.「〜を同封／添付いたします」

などの表現があります。

1. 「ご要望のあった書類を送付いたします」
   We are attaching the document at your request.

2. 「損益計算書を送付いたします。お役に立ちますことを願っております」
   We are pleased to enclose the profit and loss statement. I hope it will help.

3. 「ご一考いただけますよう契約書の草案を添付いたします」
   We are pleased to attach a draft contract for your consideration.

② 同封物について注記を加える

同封物について注記を加える必要がある場合は、Please note 〜. などと書くとよいでしょう。

1. 「この契約書における第1条につきましては、懸案事項となっており、2008年10月1日に詳しく検討することになっています」
   Please note that Article 1 of this contract is still pending and is to be discussed in detail on Oct. 1, 2008.

2. 「契約書原本は弊社の記録用に保管します」
   We have retained the original for our files.（retain「〜を保有する」）

見積書 Quotation

Point 見積書では、①文書の目的、②製品明細、③受渡し条件、④価格、⑤数量、⑥支払い条件、納入方法、⑦見積もりの期限、⑧付記事項などを詳しく明記します。外貨の相場による変動で価格が違ってくるために見積もり期限は必ず明記します。

Quotation

August 17, 2009

Dear Mr. Sasaki Taro:
General Manger
ABC Company Ltd.

① Thank you for your letter of August 11. We are pleased to offer you the following:

② <u>DESCRIPTION</u>   <u>Unit Price</u>
　1) ESP Printer   ③ FOB Kobe   ④ JPY 78,000/unit
　　　⑤ Minimum order Q'ty 12 units
　2) UCP Personal Computer   FOB Kobe   JPY 158,000/unit
　　　Minimum order Q'ty 12 units
　3) Wireless CardBus adapter   FOB Kobe   JPY 5,600/pce
　　　Minimum order Q'ty 100 pcs

⑥ Lead time one month from the date of receipt of your order.

⑦ Valid until September 1, 2009.

⑧ We'll ship your order upon receipt of L/C confirmation from your designated bank. If you have any further questions, please let me know. We look forward to hearing from you soon.

Sincerely Yours,

Taro Yamada
General Manager
Tokyo Company Ltd.

見積書 ■Quotation

①文書の目的　②製品明細　③受渡し条件　④価格　⑤数量　⑥支払い条件、納入方法　⑦見積もりの期限　⑧付記事項

和訳

見積書

2009 年 8 月 17 日

ABC 株式会社
本部長
佐々木太郎様

　8 月 11 日付のお手紙ありがとうございました。以下の見積書をお知らせいたします。

内容		単価
1） ESP プリンター	本船渡神戸	78,000 円 / 台
最低注文量 12		
2） UCP パーソナルコンピューター	本船渡神戸	158,000 円 / 台
最低注文量 12		
3） ワイヤレスカードアダプター	本船渡神戸	5,600 円 / 台
最低注文量 100		

　発送には 1 ヵ月の準備期間が必要です。
　見積もりは、2009 年 9 月 1 日まで有効です。

　ご指定の銀行へのお支払いが確認された後に出荷いたします。何かご質問があればいつでもご連絡ください。ご返事をお待ちしております。

敬具

山田太郎
東京会社
総務部長

[語彙] **description** 名「明細、種目」／**unit price** 名「単価」／**FOB** 名「本船渡し」／**JPY** 名「日本円」／**Q'ty** 名「量」（= **quantity**）／**pce** 名「個」（= **piece**）／**pcs** 名「個」（= **pieces**）／**lead time** 名「受注から配送までの時間」／**L/C** 名「信用状」（= **letter of credit**）／**confirmation** 名「確認」／**designated** 形「指定された」

121

●覚えておきたい表現

① この文書の目的を述べる

　文書の目的を述べる際には、Thank you for your fax, letter etc. ～と感謝の意を表し、その後この文書の目的を述べます。

1. 「8月1日付けにお問い合わせいただきありがとうございます。最新版の価格表をお送りいたします」
   Thank you for your inquiry of August 1. As you requested, we are enclosing our latest price list.

2. 「2009年4月20日付のファックスによるお問い合わせありがとうございます」
   Thank you very much for your fax inquiry of April 20, 2009.

② その他の表現

1. 「弊社の見積もりは以下のとおりです」
   We are pleased to offer the following quote: (quote「見積もり（書）」(＝quotation))

2. 「お問い合わせについてメーカーと協議を行った結果、以下のような見積もりを差し上げたいと思います」
   We have discussed your inquiry with our manufacturer and would like to make the following quote:

3. 「貴社の引き合いに対して、以下の見積もりを差し上げたいと思います」
   In response to your inquiry, we would make the following offer. (offer「（売り手の）言い値、（買い手の）付け値」)

4. 「貴社の引き合いに対して、最安値をご提示いたします」
   In response to your inquiry, we will offer the best price.

5. 「よいお返事をいただけるのを心待ちにしております」
   We look forward to receiving your favorable reply.

6. 「ご参考までにESPプリンターのパンフレットを1部同封いたします」
   We enclose for your reference a brochure describing the ESP Printer.

7. 「この見積もりが貴社にお気に召していただけることを希望いたします」
   We hope this offer will be attractive for your quotation.

8. 「弊社の見積もり期間は、2009年6月15日となっておりますのでご注意ください」
   Please note that our offer is valid until June 15, 2008.

9. 「当社では100個以上のご注文につき、10%の特別値引きをしております」
   We can allow you a special discount of 10% on the prices quoted, for a quantity of 100 or more.

10. 「価格は予告なしに変更される場合があります」
    Prices are subject to change without notice.

11. 「出荷商品の数に限りがありますので、できるだけ早い注文をお願いいたします」
    Please let us have your order as soon as possible, since supplies are limited.

■Writing Tips

見積書作成時の注意点

見積書によく使われる略語の1つにP/O「買付注文」(= purchase orderの略) がある。発注する企業が国外の場合、時差があるために商品の到着は発注日からの計算とする。

注文書 Order Form

Point 注文書に記載する項目には、①差出人名、②日付、③宛先、④書き初め、⑤注文する商品の種類と量、⑥できれば明細表をつける、⑦支払い方法、⑧いつまでに必要か、などを記載します。

① XYZ Chemicals. Co., Ltd.
70-80-90 Koishikawa, Bunkyo-ku, Tokyo

② Jan. 20, 2009

③ Sales Department of DEF Office Supply Company
2345 S. Washington St.
Chicago, IL USA 60345

④ To the Sales Department of DEF Office Supply Company

⑤ We would like to order 100 packages of legal paper. Each package contains 500 sheets of paper, costs $4.99 and the model number of the package is LP 505S.

We would also like to order 50 packages of photo paper, postcard size. Each package contains 200 sheets of paper, costs $5.99 and the model number of the package is PP140L.

⑥

Item	Type	Price per Unit	Quantity	Item Sub Total
legal paper	LP 505 S	$4.99	100	$499.00
photo paper	PP 140 L	$5.99	50	$299.50
Total	--------	--------	--------	$798.50

⑦ Would you send us a bill, including the handling charge, the shipping and the tax? We will pay you by check.

⑧ As the paper will be used for a conference on April 20, we would like you to send us the merchandise by the end of February.

⑨ Sincerely,

⑩ Ichiro Tanaka
Manager of Purchasing Department

①差出人名　②日付　③宛先　④書き初め　⑤注文する商品の種類と量　⑥明細表　⑦支払い方法　⑧納期　⑨結び　⑩署名、部署名

和訳

「注文書」

XYZ化学株式会社
東京都文京区小石川70-80-90

2009年1月20日
DEF文具株式会社　販売部
〒60345　イリノイ州シカゴ市
　南ワシントン通り2345番地

DEF文具株式会社　販売部御中

　リーガルペーパー500枚入りを100個注文いたします。型番はLP505Sで、単価は4ドル99セントです。
　それから印画紙200枚入りを50個注文いたします。型番はPP140Lで、単価は5ドル99セントです。

商品名	型	単価	数量	小計
リーガルペーパー	LP 505 S	4ドル99セント	100	499ドル
印画紙	PP 140 L	5ドル99セント	50	299ドル50セント
合計				798ドル50セント

　取扱い手数料と、送料と、消費税を足した請求書の送付をお願いします。小切手でお支払いします。
　この用紙は4月20日の会議で使用しますので、商品は2月末までにご送付願います。

敬具

田中一郎
　調達課長

[語彙]　**office supply**［名］「事務用品」／**legal paper**［名］「リーガルペーパー（罫線入りのレポート用紙）」／**contain**［動］「〜を含む」／**photo paper**［名］「印画紙」／**handling charge**［名］「手数料」／**shipping**［名］「送料」（**shipping charge**と言うこともある）／**merchandise**［名］「商品」

● 覚えておきたい**表現**

① 商品を注文する

1. 「リーガルペーパー500枚入りを100個注文いたします。型番はLP505Sで、単価は4ドル99セントです」
   We would like to place an order for 100 packages of legal paper, LP505S. Each package has 500 sheets. The unit price is $4.99.

2. 「ハンドタオル1ダース入り15ドルの箱を70箱注文します。色は白で、型番はHT45Dです」
   We would like to order 70 boxes of hand towels, HT45D. Each box has a dozen white hand towels, and one box costs 15 dollars.

3. 「4月20日の会議に用紙を使用しますので、商品は航空便でお送りください」
   Since we are planning to use the paper for the conference on April 20, **would you send us** the paper **by air**?

4. 「商品番号WT224の、1本120円の1リットル入りペットボトルの水を100ケース注文します。1ケース6本入りです」
   We would like to place an order for 100 cases of WT224 one-liter plastic bottles of water. One case contains 6 bottles. Each bottle costs 120 yen.

5. 「1ギガのUSBフラッシュメモリー50個の注文書を同封します。色は銀色で、型番はAB-FLM1GSVです」
   We are enclosing an order form of 50 USB flash memories whose color is silver. Each has a memory of 1 gigabytes and the model number is AB-FLM1GSV.

② 請求書送付などを依頼する

1. 「取扱い手数料と、送料と、消費税を足した請求書の送付をお願いします。クレジットカードで支払います」
   We would ask you to send us a bill that shows the handling charge, the shipment and the consumption tax. We would pay you by credit card.

2. 「請求書が届いたら、代金を銀行振り込みしますので、口座番号をお知らせください」

When we receive the bill, we will transfer the money to your bank account. **Would you inform us** of your bank account number?

3. 「代金は小切手で支払いたいと思いますが、小切手を受け付けていただけますか」
   We would like to pay by check. Would you accept a check?

4. 「前のメールで支払いはクレジットカードですると書きましたが、銀行振り込みに変更したいと思います」
   In the previous email, we wrote that we would pay the bill by credit card. However, we would like to change the means of payment to a bank transfer.

■Writing Tips

注文書作成時の注意点

1. 注文する商品の名前、型番、単価、個数をはっきり書く。表にするとわかりやすい。別に注文書を作成してもよい。

2. 商品を注文すると、取扱い手数料（handling fee）と、送料（shipping charge）と、付加価値税（value added tax）や消費税（consumption tax）がかかる。それらを足した合計額を請求してもらうように記載するとよい。

3. 支払い方法を明確にする。小切手（check, cheque）、クレジットカード（credit card）、銀行振り込み（to transfer money from the bank account to another）（via direct deposit）、現金（cash）による支払い方法がある。

4. 商品をいつまでに届けてほしいのか、その納期を書いたほうが、その後の取引の予定が明確になる。

支払い督促状　Overdue Payment Reminder

Point　支払い督促状では、①請求書番号と支払い期日、②すでに支払っている場合の陳謝、③口座番号、④請求書を紛失してしまっている場合のコピーの送付、⑤礼を言って締めくくる表現などを明記します。督促はふつう3回に分けて行われます。1回目より2回目、2回目より3回目のほうが少し強い表現になります。

〔1回目の督促状〕

Dear Mr. Johnson:

August 5, 2009

① This is just to remind you that your payment on invoice #0001 was due on August 1.

② If payment has been made, please disregard this notice.

③ You can remit the payment to the following account.
National Bank, Otemachi Branch,
Checking Account, Account No. 0001111

④ Just in case you have misplaced our invoice, we are enclosing the photocopy.

⑤ We should be grateful if you could send us your check as soon as possible.

Yours sincerely,

Taro Sato

---

①未払いになっている請求書番号と支払い期日　②すでに払っている場合の陳謝　③口座番号　④請求書を紛失してしまっている場合のコピーの同封　⑤結びの挨拶

支払い督促状 ■Overdue Payment Reminder

和訳

「督促状」

> ジョンソン様
>
> 2009年8月5日
>
> 請求書番号0001の支払期限が8月1日であったことをお知らせいたします。もしお支払いいただいているのでしたらこちらの請求書は無視していただきたく存じます。
>
> お支払いは下記口座にお願いいたします。
> ナショナル銀行大手町支店
> 当座預金口座　口座番号0001111
>
> 請求書を紛失した場合に備え、請求書のコピーを同封いたします。
>
> できるだけ早く小切手をお送りいただけると大変ありがたく存じます。
>
> 　　　　　　　　　　　　　　　　　　　　　　　　　　　敬具
>
> 　佐藤太郎

[語彙]　remind 動「〜を気づかせる」(**This is just to remind you that ...** は「…であることを確認させていただきます」といったニュアンスで使う表現)／**invoice** 名「請求書」／**due** 形「支払期限で」／**disregard** 動「〜を無視する」／**remit** 動「〜を送金する」／**checking account** 名「当座預金口座」／**misplace** 動「〜を置き忘れる」

●覚えておきたい**表現**

① 文書の内容と支払期日を明記する

1. 「これは支払いが遅れていることのお知らせです」
   This is a reminder about an overdue invoice.

2. 「100,000円がまだ振り込まれていないご連絡を差し上げました」
   We are writing you to remind you of an unpaid balance of 100,000 yen on your account.

3. 「この手紙は、支払い期日が過ぎていることをお知らせするものです」
   This is just let you know that your payment is not up to date.

4. 「2008年2月12日付けの請求書のお支払いが、60日以上期限が過ぎていることをお知らせいたします」
   This is to inform you that the payment of February 12, 2008 is more than 60 days overdue.

5. 「請求書番号#123456のお支払いが30日以上期限が過ぎております」
   Just remind you that your invoice #123456 is more than 30 days overdue.

6. 「請求書番号# 123456の10,000円がまだお振込みいただいていないようです」
   Our records indicate that your current balance with us, 10,000 yen of the invoice #123456, is now overdue.

② 締めくくり

ここで注意する点は、大切な顧客を失わないために、決して感情的にならず、正確な事実を伝え、また礼を失することのないようにします。よく使う表現に下記のものがあります。

We should be grateful if you would ~ .
「～していただけると大変ありがたく存じます」

1. 「すぐに小切手をお送りいただけると大変ありがたいです」
   We should be grateful if you would send us your check as soon as possible.

2. 「もしすでにお支払いいただいているようでしたら、恐れ入りますがこちら

支払い督促状 ■Overdue Payment Reminder

の通知は破棄してください」
If you have already made payment, please disregard this reminder. (make payment「払い込む」)

3.「お客様の敏速な対応に感謝申し上げます」
Thank you very much for your prompt attention to this matter.

③ 2回目の督促

2回目からの督促には、すでに1回督促がなされているが、まだ支払われていない旨を明記します。

1.「9月1日に請求書番号0001のコピーをお送りいたしましたが、まだお支払いいただいておりません」
We sent you a copy of our invoice #0001 on Sept. 1, but it is still unpaid.

2.「請求書番号#0001はすでに30日支払いを超過しています。2週間以内にお支払いください」
Your bill #0001 is now overdue 30 days. Please remit your payment in full within 2 weeks.

④ 3回目の督促に使う表現

3回目の督促では、この文書が最後の通達ということを伝えます。下記のような表現が使われます

This is our final request for ～.「これは～の最後の通知です」

1.「これは請求番号#0001の最後の通知です」
This is our final request for payment of the overdue balance of invoice #0001.

2.「2週間以内にお支払いいただけなければお取引を一時停止させていただきます」
Unless I receive your remittance within the next 2 weeks, we will have to suspend your account.（suspend「～を一時中止する」）

3.「何度もお支払いいただくようご連絡差し上げましたが、請求書番号#123456の残金がまだ支払われておりません」
We have repeatedly asked you to make payment on your current balance of the invoice #123456, but we have not heard from you yet.

懇談会、セミナー、会合などへの招待の文書　Letter of Invitation

Point　会合などへの招待の文書では、①会合に招待する旨を述べ、②会合の内容について説明し、③出席するようお願いし、④返事の期日を伝えて文書を締めくくります。

Taiyo Trust Banking Corporation
1-14-30 Sakuramachi, Setagaya-Ku, Tokyo 145-0033 Japan

April 8, 2009

Mr. Ken Scotch
2933 Washington Ave.
Seattle, WA 98112 U.S.A.

Dear Mr. Ken Scotch:

① We would like to invite you to our annual conference for investors at the Los Angeles Convention Center on July 1st from 1 p.m. to 6 p.m.

② Mr. Yamada, the general manager of Taiyo Trust Banking Corporation, will speak about the analysis of stocks in the Japanese telecommunications sector for a 10-billion yen portfolio. We are sure to be able to give you the great benefit of knowing more about investments with us.

③ We hope that you will attend the conference and ④ would really appreciate it if you could send your replies to us by the end of June, 2009.

Sincerely yours,

Hiroko Tanaka
Asset Securities Department

HT: nd

---

①会合に招待する旨の挨拶　②会合の内容についての説明　③出席依頼　④返事の期日

懇談会、セミナー、会合などへの招待の文書■Letter of Invitation

和訳

「会議への招待」

太陽信託銀行株式会社
〒145-0033 東京都世田谷区桜町 1-14-30

2009 年 4 月 8 日

ケン・スコッチ様
〒98112　アメリカ合衆国ワシントン州
シアトル市ワシントン通り 2933 番地

拝啓　ケン・スコッチ様

この度私どもは、7 月 1 日午後 1 時から 6 時までロサンゼルスコンベンションセンターで開かれる投資家総会にスコッチ様をご招待したいと存じます。

弊社太陽信託銀行の本部長である山田が、100 億円のポートフォリオ向けに日本の通信分野の株式の分析結果を報告する予定です。今後のスコッチ様の投資に関し、大いに役立つものと確信しております。

この度の会議にぜひともご出席いただきたく存じます。ご出席か否かのお返事を、2009 年 6 月末日までにいただけますようお願い申し上げます。

敬具

田中寛子
資産証券部

差出人のイニシャル（HT）：文書を作成した人（秘書など）のイニシャル（nd）

[語彙]　investor 名「投資家」／analysis 名「分析」／portfolio 名「（分散して所有する各種）金融資産」／benefit 名「恩恵」／asset securities 名「資産証券」

●覚えておきたい**表現**

① 会合やセミナーに招待する

　会合やセミナーが開催される日時、場所等についての情報を明確に知らせます。You are cordially invited to our annual conference ...「謹んであなたを年次（株主）総会にご招待いたします」や Taiyo Trust Banking Corporation has the great pleasure of inviting you to our annual conference ...「太陽信託銀行株式会社は謹んであなたを年次（株主）総会にご招待いたします」といった表現がよく用いられます。

「7月1日午後1時から6時まで、ロサンゼルスコンベンションセンターにて投資家の皆様のための年次総会にスコッチ様をご招待したいと存じます」

1. **You are cordially invited** to our annual conference for investors at the Los Angeles Convention Center on July 1st from 1 p.m. to 6 p.m.

2. Taiyo Trust Banking Corporation **has the great pleasure of inviting you to** our annual conference for investors at the Los Angeles Convention Center on July 1st from 1 p.m. to 6 p.m.

3. **We would like you to attend** our annual conference for investors at the Los Angeles Convention Center on July 1st from 1 p.m. to 6 p.m.

② 会合やパーティーの内容について述べる

　会合の場合は、主な話題やスピーチを行う人についての情報を与えます。パーティーの場合は、食事や飲み物が用意されるかどうかについて知らせると、どのような雰囲気の集まりかがわかってもらえるでしょう。

1. 「弊社の本部長である山田が、1千億円のポートフォリオ向けに日本の通信分野の株式の分析結果を報告する予定です。スピーチ終了後に討論会を予定しておりますので、ご質問やご意見を受け付けます」
We invite you to our general manager Mr. Yamada's speech about the analysis of stocks in the Japanese telecommunications sector for a 100-billion yen portfolio. Following the speech, an open discussion session will be provided with the audience, who will be able to ask questions and exchange views about the topic.

懇談会、セミナー、会合などへの招待の文書 ■Letter of Invitation

2. 「討論会終了後にレセプションを開きますので、会議にご列席の方はご自由にご歓談ください」
Following the discussion session, a reception will be held. There, all the people who attend the conference can feel free to exchange their opinions and views about the topic.

3. 「セレモニー終了後に立食形式のお食事と仮設バーを用意しております」
We will prepare a buffet and an open bar following the ceremony.

③ 出席を促す

会合やパーティーの主催者として相手の出席を望むという趣旨が伝わるような文面にします。

1. 「会議にご出席賜りますようお願い申し上げます。2009年7月1日にお目にかかれることを楽しみにしております」
We very much hope that you will be able to attend our conference. We are looking forward to seeing you on July 1, 2009.

2. 「会議でお目にかかり、投資にまつわるご意見をお聞かせ願えることを楽しみにしております」
It will be our pleasure to see you at the conference and share views on investments.

3. 「この会議が投資について知るよい機会になるものと確信しております」
We are confident that this conference will be a great opportunity for you to learn more about investments.

④ 出欠の期日を伝える

「必ず期日を守ってください」というニュアンスではなく、「なるべく早くお返事がいただけると大変ありがたい」という表現を使うようにします。

1. 「ご都合のいいときでけっこうですので、ご返事をお聞かせください」
Please let us know your response at your earliest convenience.

2. 「すぐにご返事いただければ幸いです」
Your prompt reply would be very much appreciated.

3. 「2009年6月末日までにご返事いただけますようお願い申し上げます」
We hope that you will respond to us by the end of June 2009.
[**R.S.V.P.** by June 30, 2009.]

詫び状　Letter of Apology

Point 詫び状は次の順序で書きます。①差出人の会社名と住所、②日付、③宛先、④詫びる事柄、⑤対処の方法、⑥結辞、⑦差出人の名前、役職。相手に納得してもらえるように事実を丁寧に説明し、こちらの非を詫びるとともに、対処法を示し、今後失敗を犯さないと述べることが大切です。

---

① 　ABC Batteries
　　3-35-60 Ginza, Chuo-ku
　　Tokyo, Japan 104-0061

② August 20, 2009

③ Dear Customers:

④ We are sorry to announce that the batteries inside the cell phones may catch fire under certain conditions. The pertinent types of the batteries are as follows : BA II C5, BA IV B 5 & BA IV B 7
The batteries are in the cell phones of the following types:
VEs 702i (Nishishiba), RAs 700 (Goyo) & PIs 703 (New Ceramics)

⑤ Please send the batteries to the address above by October 31 collect. We will immediately exchange the batteries. In the future, we will make the best efforts to avoid such a problem.

⑥ Sincerely,

⑦ Ken Yamada
　Manager of Group 8, ABC Batteries

---

①差出人の会社名と住所　②日付　③宛先　④詫びる事柄　⑤対処の方法　⑥結辞　⑦差出人の名前と役職

詫び状 ■Letter of Apology

> 和訳

「商品不具合についてのお詫び」

```
                              ABC 電池
                              〒104-0061　東京都中央区銀座 3-35-60
```

2009 年 8 月 20 日

お客様各位

申し訳ありませんが、携帯電話に使用されている次の電池に場合によっては発火の恐れがあることをお知らせいたします。電池の型番は次のとおりです。
BA II C5, BA IV B5, BA IV B7

上の電池が使用されている携帯電話の型番は次のとおりです。
VEs 702i（西芝), RAs 700（五洋), Pls 703（ニュー・セラミックス)

10 月 31 日までに上記の住所に着払いで電池を郵送して下さるようにお願いします。至急新品の電池と交換いたします。当社といたしましては将来このような不具合を起こさないように最善の努力をいたします。

                                                        敬具

山田　謙
ABC 電池第 8 課課長

[語彙]　catch fire 熟「発火する」／circumstances 名「状況」(under ... circumstances で「…の場合には」)／pertinent 形「該当する」(The pertinent types of the batteries ... は The subject batteries ...「対象となる電池」のように subject を使って表すことも多い)／(by) collect 句「料金着払いで」(COD (cash on delivery) とも言う)

137

●覚えておきたい**表現**

① 何を詫びるのかをはっきり示す

1. 「申し訳ありませんが、携帯電話に使用されている次の電池に発火の恐れがあります」
   We are sorry that the batteries inside the cell phone may catch fire under certain circumstances.

2. 「申し訳ありませんが、携帯電話に使用されている次の電池に発火の恐れがあります」
   We regret that the batteries inside the cell phone may catch fire under certain conditions.

3. 「申し訳ありませんが、ご注文いただきました掛け時計2個は在庫がないために取り寄せとなり、出荷が遅れます」
   We are sorry to announce that the two clocks ordered are not in stock. Therefore, the shipment will be delayed.

4. 「賞味期限切れのパンを販売いたしましたことを深くお詫び申し上げます」
   We are deeply sorry that we sold the expired bread. (expired 「賞味期限切れの」)

5. 「この靴の箱には黒と書いてありましたが、中身は茶色でした。申し訳ありませんでした」
   On this shoe box it was written that the color of the shoes was black. However, the actual color of the shoes inside the box was brown. We regret our mistake.

6. 「建物の設計図が7月15日の締め切りに間に合わなかったことをお詫びいたします」
   We apologize for the fact that we could not hand in the construction diagram by the due date of July 15th. (construction diagram 「建物の設計図［図面］」)

② どのように対処するのかを述べる

1. 「ABC電池では10月30日までに上記の住所に着払いで郵送してくださるようにお願いいたします」

詫び状 ■ Letter of Apology

ABC Batteries **would ask you to** send the batteries to the address above by October 30 freight collect [COD]．(「着払いで」は freight collect や COD などを副詞として使う)

2. 「至急新品の電池と交換いたします」
   We will send you the new batteries immediately.

3. 「大至急新品のクッキーと交換いたします」
   The cookies **will be replaced by the new ones** as soon as possible.

4. 「今後は賞味期限につきましては管理を厳重にいたします」
   In the future, **we will manage** the pull date strictly. (pull date「賞味期限」(英では use-by date などとも言う))

5. 「設計チームが協力して、必ず7月22日までに建物の設計図をお送りいたします」
   All the members of the designing team will cooperate to hand in the construction diagram by July 22nd without fail.

③ 将来再び失敗を繰り返さないという展望を書く

1. 「今後このような不具合を起こさないように最善の努力をいたします」
   We will **try our best not to cause** the same trouble again.

2. 「今後このような失敗をしないように努力いたします」
   We will **try to avoid** this kind of mistake in the future.

3. 「当社は今後決してこのような問題を起こしません」
   Our **company will never cause such problems** again.

4. 「今後は賞味期限監査官を配置し、このような過失を繰り返さないようにいたします」
   In the future, we will put examiners of the pull date in position so that **we will never cause the same problem again.**

5. 「これからは設計部の人員を増員し、期限に間に合うようにいたします」
   From now on, we will increase the number of people on the designing staff in order to accomplish the task by the deadline.

業務引継ぎ案内　Introduction of Successor

Point ①自分が現在の職を離れること、そして現在の勤務先での最後の日を知らせ、②後を引き継ぐ人が誰であるかを明確にし、③感謝の言葉で締めくくります。

Taiyo University Press
1-14-30 Sakuramachi, Setagaya-Ku, Tokyo 145-0033 Japan

April 8, 2009

Mr. Ken Scotch
2933 Washington Ave.
Seattle, WA 98112 U.S.A.

Dear Mr. Ken Scotch:

① I must inform you that I have been offered another job and will be leaving Taiyo University Press. My last day here will be May 17th.

② If you need any help after I leave, please contact John Erwin here at the Press (the fax number is the same). He will be able to give you directions and send the galleys for the next steps in the publication process. ③ It has been a pleasure working with you, and I wish you luck as you finish up the work on your final copy. Thank you for your cooperation.

Best Wishes,
Signature

Hiroko Tanaka
Assistant Editor

HT: nd

---

①退職のお知らせ　②後任者の氏名　③お礼の言葉

和訳

「引継ぎのお知らせ」

太陽大学出版
〒 145-0033 東京都世田谷区桜町 1 － 14 － 30

2009 年 4 月 8 日

ケン・スコッチ様
〒 98112　アメリカ合衆国ワシントン州
シアトル、ワシントン通り 2933

拝啓　ケン・スコッチ様
この度私は、他社へ移ることになり、太陽大学出版を辞職することになりましたことをお知らせしなければなりません。太陽大学出版での最後の勤務日は、5 月 17 日です。

私が辞職した後、何か困ったことがありましたら、同社のジョン・アーウィン（ファックス番号は同じです）にご連絡ください。彼が、あなたに指示を出し、出版過程での次のプロセスとしてゲラ刷りを送ることでしょう。あなたとお仕事ができてとても光栄でした。あなたが無事に最終原稿を書き終え、成功されることをお祈りしております。弊社と仕事をしていただき、ありがとうございました。

敬具

田中寛子
副編集長

差出人のイニシャル（HT）：文書を作成した人（秘書など）のイニシャル（nd）

[語彙]　direction 名「指示」／galley 名「ゲラ刷り」（galley proof と書くこともある）／publication 名「出版」

●覚えておきたい表現

① 自分が現在の職を離れることを述べる

現在の仕事を辞める理由を簡潔に述べますが、必ずしも次の仕事先について述べる必要はありません。その仕事場での最後の日を知らせます。

1. 「私は太陽大学出版を辞職し、転職することをお知らせするためにこの手紙を書いています。出版社での最後の勤めは5月17日です」
   I am writing to you to inform you that I am leaving Taiyo University Press because I obtained another job. My last day at this press will be May 17th.

2. 「私は太陽大学出版との契約がもうすぐ終了することをお知らせしなければなりません。私は5月17日にこの出版社を退職します」
   I must inform you that my present contract with Taiyo University Press is nearly at an end. So I will quit this press on May 17th.

3. 「私は太陽大学出版との契約がもうすぐ終了し、契約更新には応じないことにしたことをお知らせいたします。私は5月17日にこの出版社を退職します」
   I would like you to know that my current contract with Taiyo University Press is nearly at an end and that I decided not to renew my contract. So I will leave this press on May 17th.

4. 「5月17日に私は太陽大学出版を辞めることになりましたことをお知らせいたします。今後は他の出版社で働くことになります」
   I would like to tell you that I will quit Taiyo University Press on May 17th. I will work for another publishing company.

② 引継ぎ内容について述べる

実際に自分がその職場を離れた後、誰にその仕事を引き継いでもらうか、また後任の人への連絡方法（職場の内線番号やファックス番号等）を知らせます。

1. 「私が辞めてから何か困ったことがありましたら、同社のジョン・アーウィン（ファックス番号は同じです）にご連絡ください。彼があなたのお原稿や版権のお手伝いをいたします」
   If you need any help after I leave, please contact John Erwin here at the press (the fax number is the same). He will be able to help with your

manuscripts and copyright matters [details].

2. 「私が辞めた後何かご質問がありましたら、同社のジョン・アーウィンにご連絡ください」
   If you have any questions after I quit, please contact John Erwin at the press.

3. 「5月17日以降にさらに質問がありましたら、同社のジョン・アーウィンとご相談ください。彼がしっかり手伝ってくれることになっています」
   If you have any further questions after May 17th, please talk to John Erwin at the press. He will be of great assistance.

4. 「私が辞めてからもし困ったことがありましたら、この出版社のジョン・アーウィンに連絡してください。あなたが今書いている原稿や著作権に関してきっと助けてくれるでしょう」
   Please contact John Erwin here at the Press if you need some help after I leave here. He will help you out with the manuscripts and copyright matters [details] you are currently working on.

③ その手紙を締めくくる

それまで一緒に仕事をしてきたことに関して相手に感謝の念を表現します。また、将来の仕事での成功を願っている旨を伝えるといいでしょう。

1. 「あなたと楽しくお仕事をすることができました。今後のご成功をお祈りします」
   I very much enjoyed working with you. I wish you luck in your business.

2. 「ご一緒にお仕事をさせていただき、ありがとうございます。あなたはすばらしい同僚だと思っております」
   Thank you very much for working with me. I value you as a great co-worker.

3. 「過去3年間あなたとご一緒にお仕事ができて大変光栄でした。今後ともお仕事でご成功を信じております」
   It was my pleasure to work with you during the past three years. I believe you will have continued success in your business.

契約書　Contract

Point 契約書の中には、提携契約のように改まったものから、アルバイトの雇用契約などの簡単な契約書まであります。ここでは簡単な契約書を紹介します。

① AGREEMENT

② THIS AGREEMENT is made and entered into on this 1st day of August, 2009 (the "Effective Date") by and between ABC Company, of 333 Azabu Minato-ku, Tokyo (hereinafter called the "Seller".), and Business Research Inc. of 123 Newton Street, Boston, MA (hereinafter called the "Purchaser").

③ Article 1   License
Whereas Purchaser desires to retain the services of the Seller to produce streaming media legal content programs ('Infomercials') and Seller agrees to produce same upon the terms and conditions hereafter set forth.

Article 2   Seller's Obligation
Seller shall produce 10 Infomercials for Purchaser for display at Purchasers website. In this regard, Seller will provide the following services: scripting, set preparation, audio and video technicians, studio equipment, audio and video editing, casting and services of a director.

Article 3   Time Frame for Performance
Seller shall deliver the completed Infomercials to Purchaser not later than 8 weeks from the date of execution of this Agreement by all parties. In the event delivery is not complete within 8 weeks, Purchaser shall have the option of extending the time of performance or shall reduce the purchase price by 10% for each undelivered Infomercial.

Article 4   Purchase Price

The Purchaser shall pay the Seller, as the purchase price for the entire Infomercials, US $100,000 in accordance with the terms and conditions defined in the Article 5 below.

Article 5 Manner of Payment of Purchase Price
The Purchaser shall pay the Purchase Price as follows:
(a) The Purchaser shall pay to Seller the sum of US $50,000 upon execution of this Agreement by all parties.
(b) The Purchaser shall pay to Seller the sum of US $25,000 upon completion of the shooting of the first 5 Infomercials.
(c) The balance will be invoiced upon submission of completion of 5 remaining Infomercials.

In witness whereof, each of the parties has caused this Agreement to be duly executed under seal as of the date first above written.

④ ABC Company   Business Research Inc.

_____   _____

Johnson Brown   Tomio Sato
President   General Manager

①表題　②契約主体の明記　③条項　④署名

和訳「引継ぎのお知らせ」
「売買契約書」

契約書

この契約書は、東京都港区麻布333番地、ABC社（以下「売り手」と呼ぶ）と、マサチューセッツ州ボストン、ニュートン通り123番地、ビジネスリサーチ社（以下「買い手」と呼ぶ）との間で2009年8月1日（発効日）に締結されたものである。

第1条　ライセンス
買い手は、売り手が供給する合法メディアコンテンツプログラムのサービス（以下「インフォマーシャル」と呼ぶ）を受けることを希望し、売り手は下記条項に基づき同プログラムを提供することに同意する。

第2条　売り手の義務
売り手は買い手のディスプレイ用のウェブ上に10項目のインフォマーシャルを提供する。これに関して、売り手は下記サービスを提供する。スクリプト、セットの準備、オーディオ・ビデオの技術者、スタジオ施設、オーディオ・ビデオ編集、キャスティング、ディレクターサービス。

第3条　業務の期間
売り手はこの契約締結後8週間までに完全なインフォマーシャルを引き渡す。この引渡しが8週間以内に行わなければ、期間を延長することができる。または引渡しが完了していないインフォマーシャルについて各10%の値引きを受けるものとする。

第4条　価格
買い手は売り手に、インフォマーシャル購入代金として、下記第5条に規定されている支払い条件に基づき10万米ドルを支払う。

第5条　支払い方法
買い手は購入価格を下記のとおり支払う。
(a) 買い手は当事者双方による契約の締結時に売り手に5万米ドルを支払うものとする。
(b) 買い手は、最初の5インフォマーシャルの引き渡し完了時に売り手に25,000

契約書■Contract

　米ドルを支払うものとする。
(c) 残金については残りの５インフォマーシャルの撮影終了後に請求されるものとする。

本契約承認の証拠として、この契約の当事者双方は署名捺印をし、この書面の最初に記載されている日付より実行するものとする。

ABC 社　　　　　　　　　　　　　　　ビジネスリサーチ社

_____　　　　_____

ジョンソン・ブラウン　　　　　　　　佐藤富雄
社長　　　　　　　　　　　　　　　　本部長

[語彙]　enter into an agreement 熟「契約を結ぶ」／hereinafter 副「以下に」／article 名「条」／whereas 副「～であるのに対し、～という事実から見れば」／retain 動「金銭を支払ってサービスの提供を依頼する」／the terms and conditions 熟「条件」／hereafter 副「以下の」／set forth 熟「提示する」／not later than ～ 熟「(遅くとも) ～までに」／execution 名「実施、実行」／In the event (that) … 接「もしも～のときには」(接続詞として使う)／in accordance with ～ 熟「～にしたがって」／the sum of ～ 熟「～の額」／shooting 名「撮影」／upon submission 熟「提出時に」／whereof 副「それについての」／duly 副「しかるべく、滞りなく」

147

●覚えておきたい表現

① 表題
契約書に使われる表題には次のようなものがあります。
"SALES AGREEMENT"（売買契約書）
"Consulting Services Agreement"（コンサルティングサービス契約）
"LICENSE AGREEMENT"（ライセンス契約）
"SHAREHOLDERS AGREEMENT"（株主間契約書）
"EMPLOYMENT AGREEMENT"（雇用契約書）

② 「この契約は〜である」

1. 「本契約は下記の当事者間で2009年8月1日に締結されたものである」
   This **agreement is made** on August 1, 2009 between the following parties:

2. 「この契約書は、本日、2009年9月30日、以下の…と〜の間で両者の合意のもとに作成されたものである」
   This **AGREEMENT is made** on this day of September 30, 2009 between … and 〜.

3. 「この契約は、2009年3月31日にABC Inc.とPEAR Co., Ltd.との間に交わされた契約書である」
   This **agreement**, dated as of March 31, 2009, between ABC Inc. and PEAR Co., Ltd.

4. 「これはABC Inc.とPEAR Co., Ltd.が売買契約を結んだことを確認する文である」
   This **will confirm our understanding with** respect to the closing of the sales contract of ABC Inc. to PEAR Co., Ltd.（with respect to 〜「〜に関して」）

5. 「この契約書は、ABC Inc.とPEAR Co., Ltd.の間で交わされるものを確認するものである」
   This **letter of agreement** ("Letter of Agreement") **confirms** the agreement of ABC Inc. to PEAR Co., Ltd.

③ その他の表現

1. 「この契約は上記に明記された日にちより施行される」

148

This Agreement has been executed on the day and year first above written.

2.「この契約書が終了するまでの間に、他の類似会社から購入、注文をしてはならない」
During the period from the date of this Agreement until the expiration date the Company shall not repurchase or order from any similar transaction.
(expiration date「契約満了日」。英では expiry date とも言う)

3.「ABC Inc. は、PEAR Co., Ltd. に参考文書として添付してある別紙 A に挙げている多様なサービスを提供することとする」
ABC Inc. will provide PEAR Co., Ltd. with various types of services listed in Exhibit A, which is attached for reference.

参考
■契約書で使われる用語

契約書は法律文書の意味合いが強いので、使われる文体も、法律文によく用いられるような固いものになります。契約書に頻出する用語で、"here-" は「本契約」を指します。また、契約書では、hereinafter (以下)、hereunder (本契約の条件)、whereof (その件に関する)、hereof (これに関して)、whereas (〜であるのに対し) といった表現が用いられます。

■契約書中の shall の意味

契約書で使われる "shall" には、訳語として「〜しなければならない」「〜するものとする」「〜する」などの表現があてられます。

1.「プロジェクトに関する ABC 社のサービスは 2009 年 7 月 6 日からとし、2009 年 9 月 1 日には終わるものとする」
ABC Inc.'s services in connection with the Project shall begin on July 6, 2009, and shall be completed by September 1, 2009.

2.「この契約は本プロジェクトに関して ABC 社が提供するサービスを管理するものとし、本プロジェクトに関わるその他のサービスは当事者間での個別の合意によるものとする」
This agreement shall govern all services provided by ABC Inc. in connection with the Project and any additional services related to the Project are subject to a separate agreement by the parties.

承認・同意を示す文書　Acknowledging Requests

Point　承認・同意を示す文書では、(1) 承認された内容について正確にまた簡潔に述べ、(2) それに伴う条件及び制約について具体的に書いていくのが一般的な書き方になります。

例 1

East New York University Press
Permissions
211 East 50th St.
New York, NY 10022
Tel/Fax (212) 777-6200

March 25, 2009
Invoice #: 1161

Prof. Ann McCune
Illinois State University
School of Education
Normal, Illinois 61790

① LETTER OF AGREEMENT/INVOICE

Dear Prof. Ann McCune:

② As requested, we hereby grant you permission to reprint:
"The Warriors" pages 59-66 from
John's GRANDAUGHTERS edited by Mary Allen

in the work: Textbooks for ESL Learners
by: Ann McCune
to be published by: Taiyo University Press

Full acknowledgement must be given the author, title, and East New York University Press, as follows:

承認・同意を示す文書 ■Acknowledging Requests

From John's GRANDAUGHTERS edited by Mary Allen.
Copyright ⓒ 1986 by Mary Allen.
Reprinted by permission of East New York University Press.

③ No changes or adaptations in the text may be made without the written approval of East New York University Press. Permission shall terminate if the proposed volume is not published within two years of the date of this letter, and must be reapplied for at that time if such permission is still desired.

The fee for this usage is $120.00. Please remit the payment and send a remittance copy promptly upon publication.

(*Signature*)
Ken Scotch
Subsidiary Rights Dept.

①表題　②許可する内容　③付帯条件及び禁止事項

和訳
「同意書・請求書」

東ニューヨーク大学出版
著作権課
〒10022　ニューヨーク州ニューヨーク
東50番通り211番地
電話／ファックス（212）777-6200
2009年3月25日
請求書番号：1161

アン・マキューン教授
イリノイ州立大学、教育学部
〒61790　イリノイ州ノーマル

151

同意書／請求書

　拝啓　アン・マキューン教授

ご依頼どおり、メアリー・アレンによって編集された『ジョンの孫娘たち』の59ページから66ページに掲載されている「軍人」を転載することを許可いたします。

転載書：「外国語としての英語学習者用教科書」
著者：アン・マッキューン
出版社（予定）：太陽大学出版

謝辞中に、著者名、本書名、東ニューヨーク大学出版名を下記の通り明記してください。
出典：メアリー・アレン編『ジョンの孫娘たち』より。
著作権：メアリー・アレン（1986年）
東ニューヨーク大学出版の許可により転載。

東ニューヨーク大学出版の許可を得ずに文章のいかなる変更または改作をしないようにお願いします。もし、出版予定の本がこの手紙の日付から2年以内に出版されない場合は、この許可は期限切れとなります。その時点で同様の許可を希望する場合は、あらためて許可を願い出てください。

使用料は120ドルです。出版後直ちにお支払いいただき、その送金証明書も郵送してください。

（署名）
ケン・スコッチ
著作権課

[語彙]　agreement 名「契約、協定」／hereby 副「これにより、ここに」／grant 動「許可を与える」／reprint 動「再掲載する」／acknowledgement 名「謝辞」／may + 否定語「〜してはならない」（禁止を表す）／adaptation 名「改作」／terminate 動「打ち切る」／remittance 名「送金」／Subsidiary Rights 名「副次権；変形的複製権」（小説の映画化など、刊行物の形を変えて複製すること）

承認・同意を示す文書 ■Acknowledging Requests

　Agreement とは、「契約書、同意書」の意味で、関係する人々や組織間で約束を取り交わす際に書く書類のことです。「同意書」としては、医療行為に対する同意書（手術を受ける際、医師の判断に任せることを患者または患者の親族が認めるなど）、保険のための同意書（保険金支払いの際の条件など）、法律上の約束（例えば、親権、遺産相続）などに関する同意書があります。
　一方、**Invoice** とは、主に輸出入の際に売り手が買い手あてに作成する、売買が行われる物の「出荷案内書」、「物品明細書」、「価格計算書」、「代金請求書を兼ねた請求書」のことを意味します。Invoice には、Shipping Invoice（船便や航空便で荷物を発送する際の請求書）、Commercial Invoice（商品を売買する際の請求書）などがあります。
　同意書・請求書の例として下記のような形式で送られてくることもあります。

East New York University Press
Permission
211 East 50th St, New York, NY 10022, U.S.A.
Tel/Fax (212) 777-6200
(hereinafter referred to as LICENSOR)

License Agreement made this 30th day of October, 2009 for selection(s) listed on the reverse side to be printed in a
Book titled: <u>Textbooks for ESL Learners</u>
Author or Compiler: <u>Ann McCune</u>
Publisher: <u>Taiyo University Press</u>
Address: <u>1-14-30 Sakuramachi, Setagaya-ku, Tokyo 145-0033 Japan</u>
Date to be published: <u>Dec. / 1 /2009</u>
Text Edition
Hard Cover ☐
Soft Cover ☒

The Publisher agrees:
1. To print in each copy of the book, either on the copyright page or on the first page of each selection licensed herein, a notice of permission and

153

copyright as set forth on the reverse side of this agreement
2. Promptly on publication, to forward two copies of the book to the Permission Department of LICENSOR
3. Promptly on signing and no later than sixty (60) days from the date of this license to pay LICENSOR $120.00

和訳

東ニューヨーク大学出版
著作権課
〒10022 ニューヨーク州ニューヨーク東50番通り211番地
電話・ファックス (212) 777-6200
（以下は著作権許諾者と記す）

『外国語としての英語学習者用教科書』という題の本に印刷される予定の（本状の）裏面に記してある作品（省略）の著作権を2009年10月30日付けで許諾することに同意する。
著者または編集者：アン・マッキューン
出版社：太陽大学出版
出版社住所：〒145-0033 東京都世田谷区桜町1-14-30
出版日：2009年12月1日
テキストの版
　　ハードカバー　□
　　ペーパーバック ［＊］

出版社は次の条項について同意します。
1. この教科書のすべての著作権の頁か、著作権の許可を得たそれぞれの話の最初の頁に、この同意書の裏面に記載してある作品の著作権を所有する著者と、著作権が許諾されたことを明記すること。
2. この教科書が出版されてから、速やかに著作権を与えてくれた出版社の著作権課へそれぞれ2冊ずつこの教科書を送ること。
3. この同意書に署名し、60日以内に著作権料120ドルを速やかに支払うこと。

[語彙]　hereinafter 副「（文書で使われることば）以下に」／licensor 名「著作権を許諾する人」／set forth 動「（正式な言い方）陳列された」／reverse 形「裏面の」／promptly 副「迅速に、すみやかに」／forward「（正式な言い方）〜へ送る」／no later than 熟「〜以内に」

承認・同意を示す文書 ■Acknowledging Requests

●覚えておきたい**表現**

① 承認する内容について確認する

1. 「この物語の転載を希望するというあなた（貴社）の要求について、私は（当社、弊社）は喜んで転載を許可いたします」
   With regard to your request to reprint the story, we would be happy to grant you permission to reprint it.

2. 「要求されたとおり、私ども（当社）は、当社の新製品関連情報をあなたにお送りいたします」
   As requested, we are sending all the information related to our new product.

3. 「ご注文いただきました商品は、昨日から割引セールが始まったばかりですので、当社はお客様の20％割引要求に応じます」
   We are pleased to grant your request to discount 20% on your recent order of the product because the discount sale just started yesterday.

4. 「あなたは今度の新刊の著者の１人でいらっしゃるので、（著者割引として）20％の割引の要求に応じます」
   We are granting your request for a 20% discount on the new book because you are one of the authors.

5. 「あなたの要求通り、今月末までに教材をあなたの職場へお送りする予定です」
   Because of your request, we are sending the materials to your office by the end of this month.

6. 「先日の文書でも述べましたように、要請があり次第、新しい製品のカタログをお送りいたします」
   As mentioned in my previous correspondence, we will send you the latest catalogue about our new products on request.

7. 「私どもは、あなたのご依頼を承りました。5月10日の会議の後にお返事いたします」
   We have received your request. After the meeting held on the 10th of May, we will reply to you.

155

② 付帯条件及び制約について明らかにする

1. 「この許諾はこの著書の初版にのみ適用され、その改訂版には有効ではありません」
   This license shall apply only to the edition(s) of the book herein and not to any alternate edition(s) thereof.

2. 「この許諾は、著書の内容の修正及び加筆が初版の4分の1を超さない限りにおいて、教科書またはすべての改訂版に有効とする」
   This license shall apply only to a textbook or any revised edition(s) where changes in contents do not exceed one-fourth of the edition provided for herein.（この where は接続詞で、「～である場合はいつも」という意味を表しています）

3. 「許諾されたこの著書の中の話は、この本のテキストの内容の中でのみ使用するものとする」
   The selection(s) licensed herein shall be used only within the text content of the book.（herein「この同意書中に」）

4. 「この許諾は、アメリカ合衆国、その保護領、カナダにおいて英語でのみ出版する権限を与えるものである」
   This license authorizes publication only in the English language in the United States, its dependencies, and Canada.

5. 「この許諾は、その出版社によって（第三者に）譲渡してはならない」
   This license shall not be assigned or transferred by the Publisher.（assign も transfer も法律用語では「～を譲渡する」という意味で使います）

6. 「この許諾は、この著書の後に続く版で現在記載されている話を削除した場合は無効となる」
   This license shall terminate upon deletion of the selection(s) in a subsequent edition of the book.（terminate「（契約）を解除する、終了する」／ subsequent「それ以降の」）

7. 「この許諾は、出版されたこの著書が6カ月間絶版になった場合は無効となる」
   This license shall terminate if the published book remains out of print for six months.

承認・同意を示す文書■Acknowledging Requests

8.「この許諾は、この著書がこの同意書にある日から3年以内に当該出版社によって出版されない場合は無効となる」
This license shall terminate if the book is not published by the Publisher within three years of the date hereof.

9.「この許諾は、許諾を与えた出版社の書面による事前の承認がなければ、この本文またはその題名に削除、加筆、編集をすることはできない」
Licensee will not make deletions from, additions to, or changes in the text or title without the prior written approval of LICENSOR.（ここでの will not は「～することはできない」を表します）

参考

　こうした文書では、承認された内容について読み手に確認してもらうために、正確にまた簡潔に述べる必要があります。この手紙は申し出のあった作品の転載を許可するという内容ですから、"we hereby grant you permission to reprint:"という言い方で、「著作権の許可が認められる」ことを明記します。
　"in the work:"の後にはこれから出版される予定の本の名前、"by:"の後に、これから出版される本の著者名、"to be published by:"の後にはこれから出版される本を出版する会社名が書かれています。こうした事柄を明記して許諾の範囲を制限しているわけです。
　また、こうした文書では「禁止事項」もよく盛り込まれます。それが、"No changes or adaptations in the text may be made without the written approval of East New York University Press."という一文で、may は否定語 no などとともに使われると「～をしてはならない；～を禁止する」の意味を表します。

157

値上げ等のお知らせ Announcing Bad News about Prices or Services

Point 値上げを伝える文書では、冒頭から要件を伝えるのではなく、①値上げする理由を告げ、そして②その結果として値上げしますといった文書にするほうが読み手に理解されやすくなります。③最後に感謝の気持ちを伝えて締めくくるのが一般的な構成です。

July 31, 2009

Dear Mr. Johnson:

① The cost of fuel has risen by almost 35 percent. Our business has been greatly impacted by the increase of the cost we pay for all fuel.

② As a result of a recent unexpected increase of fuel prices, the shipping charge has to be adjusted to an extra 25 yen per item. This price increase will be in effect from Sept. 1, 2009.

At ABC Company, our policy is to maintain the best service and quality for all of our customers. If you have any questions or inquiries, please contact us at 81-3-1234-5678.

③ We would greatly appreciate it if you could kindly understand this unavoidable situation, and we promise to serve you better in the future.

Sincerely yours,

Tomio Sato
Manager, Sales Dept.

---

① 最近の状況説明　② 値上げのお知らせ　③ 感謝の気持ちを伝える言葉

値上げ等のお知らせ ■Announcing Bad News about Prices or Services

> **和訳**
>
> 「値上げのお知らせ」

2009年7月31日

ジョンソン様

燃料費が35%近く引き上げになりました。我が社もこの燃料費の高騰のあおりを受けております。

この予想外の燃料費高騰を受けまして、2009年9月1日より、輸送費を1商品当たり25円値上げさせていただきます。

ABC会社では、すべてのお客様に最高のサービスと品質を維持していくことを社是としてまいりました。何かご質問がございましたら、81-3-1234-5678にお電話をくださいますようお願い申し上げます。

この不可避な事態にご理解いただけますよう切にお願い申し上げる次第です。また今後もさらなるサービスを心がけていく所存です。

敬具

佐藤富雄
販売部部長

[語彙]　impact 動「重大な影響を与える」(be greatly impacted で「重大な影響をこうむる」)／unexpected 形「予想もしていなかった」／shipping charge 名「送料、運賃」／per 前「～につき」(per の後は数えられる名詞であっても無冠詞で使う。per a day / per an hour などのように言わず、per day / per hour のように使う)／maintain 動「維持する」／kindly 副「どうか～してください」(このような文脈では「よろしくお願いします」などのニュアンスで使われる)

●覚えておきたい表現

① 「残念ですが…」

値上げをする文書では「残念ですが…」という言葉から始める表現がよく使われます。

We regret to report that …「残念ですが〜を報告いたします」
We are sorry to announce that …「残念ですが〜をお知らせいたします」

1. 「残念ではありますが、最近燃料代が上昇している関係で、送料を値上げいたします」
   We are sorry to announce that we must raise our shipping price because of the recent increase in the price of fuel.

2. 「ABC Inc. では、すべての製品を値上げさせていただくことになりましたのでお知らせいたします」
   This is to announce that ABC Inc. decided to increase all manufacturing prices.

3. 「この件に関しましてお客様のご理解を賜りますようお願い申し上げます」
   We thank you in advance for your understanding in regard to this matter.
   (in regard to「〜に関して」)

4. 「これからも貴社に最上のサービスを提供できることを楽しみにしております」
   We look forward to providing you with the highest quality of service.

② 「〜により値上げいたします」

1. 「我が社は、2009年8月1日より送料を値上げいたします」
   Our company is announcing a price increase in shipping charges effective Aug. 1, 2009.

2. 「燃料費の上昇のため、価格を10％上げる必要があります」
   Due to the rising cost of fuel, **we will have to raise the prices** by 10%.

3. 「製造コストが上がったため、価格を10％上げる必要があります」
   Because of increased production costs, **it is necessary to increase prices** by 10%.

値上げ等のお知らせ ■Announcing Bad News about Prices or Services

4. 「送料上昇のため、値上げする必要があります」
   The price increase is necessary due to the increased shipping cost.

5. 「燃料価格の高騰のために、送料を値上げする必要があります」
   Because of the increasing prices of fuel, it is necessary for us to increase shipping costs.

6. 「貴社もご存じのとおり、ここ何年もの間、価格を据え置いてまいりましたが、非常に残念ながらこのような（値上げの）決断にいたってしまいました」
   As you already know, although we have not increased our prices for the last several years, we regret to inform that we are forced to make such a decision.

7. 「なお新しい価格は 2009 年 12 月 25 日以降をもちまして変更させていただきます」
   The new prices will be in effect after December 25, 2009.

8. 「2009 年 12 月 25 日をもちまして価格を変更させていただきます」
   Effective December 25, 2009, we will increase our rates.

③ 感謝の気持ちを伝える

感謝の気持ちを伝える表現には、
   I / We hope 〜.「〜をお願い申し上げます」
   I / We really appreciate your understanding 〜.
「〜をご理解いただきありがとうございます／ご理解いただきますようお願いいたします」（理解してもらったことに対する感謝の言葉となることも、これからの理解を求める表現にもなります）
cf. I / We would really appreciate your understanding 〜「ご理解いただければ幸甚に存じます」（would がつくと今後の理解を求める表現になります）

1. 「ご理解いただきますようお願い申し上げます」
   I hope you will understand this situation.

2. 「この状況をご理解いただきますようお願い申し上げます」
   We would appreciate your understanding of this situation.

相手に行動を起こすことを促す文書　Asking for Action

Point　商品の引取りをお願いするなど、相手に何らかの行動を起こしてもらうよう依頼する文書では、①文書の主旨を伝えるとともに、状況を説明し、②相手にとってもらいたい行動を具体的に記述するのが一般的な書き方になります。

1414 North Avenue
Boston, Massachusetts 89704

October 20, 2009

Sunshine Sports Shoes, Inc.
Fifth Street
San Diego, California 92103

Gentlemen /Ladies:

① This is in regard to invoice #12345, delivery of a pair of soccer shoes from Sunshine Sports Shoes. I received a pair of shoes that I ordered. Unfortunately, however, they are the wrong size. I placed an order for the shoes on Sept. 1, and it took more than 1 month to receive the item. Your service policy clearly states that refunding is an option in case of late delivery. ② This delivery delay does not meet the sales conditions stated on the contract; therefore I would like to cancel the order and ask for a refund of my payment.

Sincerely Yours,

John Walker

①具体的な状況説明　②相手に起こしてもらいたい具体的な行動

相手に行動を起こすことを促す文書 ■Asking for Action

> 和訳

「商品の引取りを促す」

〒89704　マサチューセッツ州ボストン市
北通り1414番地

2009年10月20日

サンシャイン運動靴株式会社
〒92103　カリフォルニア州サンディエゴ市5番街

担当者様

　伝票番号♯12345のサンシャイン運動靴から配送されるサッカーシューズについてご連絡いたします。注文したものを受け取りましたが、サイズが違っておりました。注文したのが9月1日で、配送に1カ月以上もかかっています。貴社のサービス規定には、配送が遅れたときは返金可能となっています。配送に時間をとられすぎましたために、契約書記載の販売条件を満たしておりませんので、注文をキャンセルし、返金していただきたく思います。

敬具

ジョン・ウォーカー

[語彙]　in regard to 熟「~に関して」／invoice 名「納品書、請求書」／state 動「~をはっきり述べる」／refund 名「返金」

●覚えておきたい**表現**

① 主旨の伝え方

文書の主旨の伝え方では、
　　This is in regard to 〜.「〜についてご連絡いたします」
　　I am writing to inform you that 〜.「〜についてお知らせいたします」
などがあります。

1. 「2009年8月1日、東京で行われる会議の詳細の確認についてご連絡いたします」
　　This is in regard to confirming the details of our meeting in Tokyo on Aug. 1, 2009.

2. 「8月1日から、ABC社では新たな福利厚生制度が利用できることをお知らせいたします」
　　I am writing to inform you that ABC Company is offering a new employee benefit plan starting Aug. 1.

② 相手に行動を起こすことを促す

相手に行動を起こすことを促す表現としては、できるだけていねいな言い方で伝えることが基本とされています。
　　I would truly appreciate it if you would 〜「〜していただければ、まことにありがたく存じます」
　　Could you please 〜?「〜していただけませんか」
　　Please 〜「〜してください」
　　We would appreciate your 〜「〜していただきたく存じます」
　　If you don't 〜「〜していただけない場合は…です」（かなり強引な表現）
いずれの表現を使うにせよ「〜していただけると大変ありがたい」と感謝の意を伝えることを忘れないでください。

1. 「今月の15日までに残金をお支払いいただけると大変ありがたく存じます」
　　I would truly appreciate it if you would pay your balance by the fifteenth of this month.

2. 「契約書の一つにサインをして、すぐに送り返していただけませんか」
　　Could you please countersign one copy and return it to me immediately?

相手に行動を起こすことを促す文書 ■Asking for Action

3. 「私が注文したものを直ちに送っていただけますか」
   Could you please send us the item which I ordered immediately?

4. 「代金は9月30日までにお支払いいただきたく存じます」
   We would appreciate it if you could pay for the purchase by September 30.

   > 「～までに」は、by を使って、by September 30「9月30日までに」あるいは by the end of August「8月末までに」のように表現します。by はあることが終了する期限を表す単語。until は「～までずっと」と継続を表しますので、この場合使用できません。by と until の区別は重要ですので、気をつけてください。

5. 「注文したものを再出荷してください。また間違って届いた商品をどうすべきかお知らせください」
   Please re-ship the ordered item and also let us know what I can do with the wrong item.

6. 「間違った商品をどうすべきかお知らせください」
   Please let us know what to do with the wrong item.

7. 「8月1日までにお支払いいただけない場合は、本契約は無効になる可能性があります」
   If you don't pay by Aug. 1, this contract may become void.
   ☆かなり強引な表現ですので、状況を判断して使用してください。

8. 「2009年3月12日までに事務所の改装工事を終えていただけると大変ありがたく存じます」
   We would appreciate it if you could finish renovating our office by March 12, 2009.

9. 「以前注文した商品の納期を1週間早めていただけませんか」
   We would appreciate it if you could move up a delivery date for the goods a week which I ordered before.

10. 「先月注文しました商品の個数を変更させていただきたく存じます」
    We would truly appreciate it if we could change the number of goods which we ordered before.

165

相手の承認・了解を求める文書　Asking for Approval

Point　相手の承認や了解を求める文書では、①了解を求める内容、事情について の説明を行い、②相手の許可や承認を求め、③最後に感謝の意を表して文書を締めくくるのが一般的な書き方になります。

October 25, 2009

Permissions
Treasure Press
P.O. Box 10543
Tallahassee, FL 31302

Dear Sir or Madam:

① My colleague and I are putting together a collection of short stories with exercises for an EFL (English as a foreign language) textbook for Taiyo University Press. We really enjoyed "Stars" by Mike Rule and would like to include it in our book if we could have your permission. Unfortunately, because of the nature of the material and printing size (2,000 copies), we cannot offer much money for the story. We are using 15 stories and have been given $1,000 for them. That comes out to only about $66 for each story, an embarrassing amount of money to pay for someone's creative work!

② Could you please tell me if you would consider letting us publish this story, and how much money you would charge us? If you have any questions, please feel free to call or fax me at the above numbers.

③ Thank you very much for your consideration. I hope to hear from you soon, and I really hope we can use this beautiful story.

Sincerely,
Ken Scotch

①相手の了解を求める内容（ここでは転載許可）
②相手の許可を求める具体的な表現
③感謝の言葉

相手の承認・了解を求める文書 ■Asking for Approval

> 和訳

「掲載許可願」

2009 年 10 月 25 日

著作権課
トレジャー出版
私書箱 10543
〒 31302　フロリダ州タラハシー

拝啓　関係者の方々

私は同僚とともに、太陽大学出版から刊行する英語を外国語として学習する学生用のテキストのために、練習問題をつけた短編小説集を編纂しています。私たちはマイク・ルールさんがお書きになった『星』という話をとてもおもしろく読ませていただきました。そこで、もし許可がいただけるのであれば、私たちのテキストにこの話を載せたいと考えています。残念ながら教材という性質と印刷部数（2000 部）のために、この話に多額の著作権料をお支払いすることはできません。この教科書に 15 の話を使う予定で、その話のために 1,000 ドル与えられています。そうなるとそれぞれの話に対し約 66 ドルだけということになります。ほかの人が創り出した作品に対し申し訳ない金額と言うほかありません。

私たちがこのお話を出版させていただけるかどうか教えてくださいますか。また（著作権料として）私たちにいくら請求なさいますか。もし何か質問がありましたら、気軽に上記の電話番号またはファックス番号へご連絡ください。

ご勘案のほどよろしくお願いいたします。すぐにもご返信いただけますことを希望しております。そして、この美しいお話を私どもが実際に使えますようお願い申し上げます。

敬具

ケン・スコット

[語彙]　**put together** 熟「〜をまとめる、編纂する」／**size** 名「大きさ、規模」（size は「大きさ」だけではなく、「規模」についても用い、**the size of information store** といえば「情報保存容量」、**size of mortgage / a mortgage loan size** といえば「住宅ローン返済額」を言う）／**embarrassing** 形「お恥ずかしいほどの」（ここは「少ない金額」という意味）／**consideration** 名「考慮」

167

●覚えておきたい表現

① 相手の意向を尋ねる

相手の意向を尋ねるのであるから、"if" を使った文や "would like to ask ～"、あるいは疑問文にするなど、ていねいな表現を使います。また、"we wish ～"、"we trust ～" など「～を希望している」「～を願っている」といった表現も使うことができます。

1. 「もし差し支えないようでしたら、あなたの原稿を何箇所か修正していただきたいのです」
   We would like to ask you to make some corrections in your manuscript if it would be acceptable.

2. 「ご承知いただけるようなら、その文書にサインをお願いいたします」
   If it meets your approval, please sign the document.

3. 「もし会議の結果にご賛同いただけるようでしたら、私どもにお知らせいただけますか」
   Would you please let me know if you agree with the results of our meeting?

4. 「私たち委員会メンバー全員が新しいプロジェクトについて同意するまでお待ちいただけましたら幸いです」
   We sincerely hope that you will wait until all the committee members reach the agreement on the new project.

5. 「御社が弊社の新しい製品の最終的な値段について同意していただけることを強く期待しております」
   We trust that your company will agree with the final price of our new product.

6. 「あなたが収集したデータを、私たち同じ興味を持っているグループと共有することに異論はございませんか」
   Would you have any objection to sharing the data you have collected with our interest group?（objection to の to は前置詞なので、動詞を続けるときは動名詞にする）

7. 「思いがけず原料の値段が上がってしまいましたので、貴社が要求している価格の値下げについては現在検討中であることをご理解いただきたくお願いいたします」

相手の承認・了解を求める文書 ■Asking for Approval

We would like you to understand that we are now reconsidering the discount you requested because the price of raw materials has risen unexpectedly.

8.「先生のお原稿は、出版の前に修正が必要であることをご理解いただくことを願っております」
We hope that you understand that this manuscript needs to be revised for publication.

9.「この度、当社の新型モデルの液晶テレビ XP2000 に、お客様がご満足いただけるものと心より希望しております」
We truly hope that you will enjoy the liquid crystal display TV XP2000 of our new model.

② 最後に文を締めくくる

こちらの願い事を考慮に入れてもらうことに対する謝辞を述べ、できるだけ早く返事をもらえるように願う文で締めくくります。

1.「ご考慮いただき、厚く御礼申し上げます」
Thank you very much for your consideration.

2.「あなたから間もなくお返事いただけることを願っております」
I wish to hear from you soon.

3.「ご都合のいいときに私どもへご連絡いただければ、大変ありがたいです」
I would really appreciate it if you could respond to me at your earliest convenience.

4.「すぐのご返事をお待ちいたしております。上記の通話料無料電話 0120-333-3333 までご連絡ください」
We are looking forward to hearing from you soon. Please contact us at the toll-free number 0120-333-3333 mentioned above.（toll-free number「通話無料電話」 free dial のような言い方はしない）

5.「もしこの会計報告をご承認いただけましたら、なるべく早く私どもへお知らせください」
If you approve the budget report, please inform us at your earliest convenience.

相手に説明を求める文書　Asking for Clarification

Point 他企業から受取った請求書額に齟齬があり、その説明・修正を依頼する内容です。①請求書が届いた、②請求書に誤りを見つけた、③誤りを訂正して送り直してほしい、という順序で書いていくことになります。書式は現在主流となっている、Eメールによる通信スタイルとなっています。

From:　　masahiro.abe@njs.com
Date:　　12-May-09 11:33
To:　　　Mr. T. Engels, Sales Dept. MORPAR INC.
cc:　　　hiroshi.inada@njs.com
Subject:　Invoiced Amounts
Attach:　None

Dear Mr. Engels,

① I refer to your invoice (Invoice No. NS170083) that shows an amount larger than the 2nd quotation (No. AC35803) received from your fine company by over 300,000 JPY. ② Said quotation was first received on January 28, 2009 and subsequent to our request for a review of your first quotation, you were kind enough to send us your 2nd and amended quotation on February 17, 2009.

The invoice in question seems to be based on the 1st quotation and I presume that there has been some misunderstanding behind it. ③ May I ask you to resend us an invoice with the correct amount, after due investigation at your end.

Thank you and best regards,
Masahiro Abe
Account Executive
New Japan Survey Co., Ltd.

---

①何の件でこの手紙を書いているのかを明記する
②事情を順序正しく説明する
③相手にどうしてほしいのかを明記する

相手に説明を求める文書 ■Asking for Clarification

和訳

「請求書の再発行を求める」

送信者：masahiro.abe@njs.com
日付：2009年5月12日、11時33分
宛先：モーパー社販売部　T・エンゲルス様
cc：hiroshi.inada@njs.com
件名：請求金額
添付書類：なし

拝啓　エンゲルス様

今回御社からいただいた請求書（請求書番号 NS170083）は、2回目にお見積もりをいただいた見積書（AC35803）から金額が約30万円以上も上乗せされて請求されています。この見積もりは、2009年1月28日に初めて提示されましたが、当社の見積書の取り直しの要求にお応えいただき、御社より2009年2月17日に修正された見積書が送られてきています。今回の請求書の金額は、第1回の見積もり金額により算出されているようですが、何かの手違いだと思います。ご確認いただき、改めて正しい金額の請求書を送りなおしてください。

敬具

安部正弘
会計担当役員
新日本調査株式会社

[語彙]　**refer to** 熟「～に言及する」／**quotation** 名「見積（書）」／**said** 形「前記の」／**subsequent to** 熟「～のあとで」／**amended** 形「修正した」／**in question** 熟「問題になっている」／**presume** 動「～と推測する」／**May I ask you ～** 熟「～してもよろしいでしょうか」／**at one's end** 熟「あなたのほうで」

171

●覚えておきたい**表現**

① 理解できない状況を述べる

1. 「今回の請求書の合計金額が前回の請求額より10万円高く書いてあります」
   The amount of your second bill is larger than the first one by 100,000 JPY.

2. 「前回のメールには代金をドル建てで支払ってくださるのか円建てなのかはっきり書いてありません」
   In the previous email, **it is not clear** if you would like to pay the bill in USD or JPY.

3. 「納期が1月下旬なのか2月上旬なのかがわかりません」
   We are not sure whether the time of delivery is in the end of January or the beginning of February.

4. 「新聞での広告代金が曜日と部数によってどのように違うのかがはっきり書いてありません」
   It has not been clarified whether the fee for the advertisement in the newspaper will be different depending on the day of the week or the number of the publication.

② 説明を求める表現

1. 「送り状を再送していただけませんか」
   May I ask you to resend the invoice to us?

2. 「請求書の金額を再び調べていただけませんか」
   Could you please check the amount of the bill again?

3. 「203CBII型の色について説明していただけますか」
   We would appreciate it if you could let us know about the available colors of type 203CBII.

4. 「DVDプレーヤーの568VD型がDVD-Rも再生できるかどうか確認していただけますか」
   Would you please let us know if the DVD player 568VD is able to play DVD-R's?

③ 結びの文

1. 「至急のお返事をお願いします」
   Please respond to us as soon as possible.

2. 「よろしくお願いします」
   Sincerely [Truly] yours,
   Best regards,
   Regards,

■Writing Tips

説明を求める文書を書く上での注意点

1. 書き手が理解している点を明確に書く。
2. 書き手が理解できない点を明らかにする。
3. 理解できない点から発展して、何を説明してほしいのかを述べる。
4. 相手を非難しないように、ていねいな表現をする。

相手の返事を求める文書 Asking for Responses

Point 返事を求める文書では、①何に関して返事を求めているのかを簡潔に説明し、②まだ返事がない旨を述べ、③返事を求める、という構成が一般的です。

East New York University Press
211 East 50th St., New York, NY 10022
Tel/Fax （212）777-6200

June 22, 2009

Prof. Ann McCune
Illinois State University
School of Economics
301 North Rose Avenue
Chicago, Illinois 447405

Dear Prof. Ann McCune:

RE: Permission

① I am writing to inquire about the status of the permission you were granted on April 23, 2009, to rewrite and publish "The Snow"（p.65）from YOU CAN'T HAVE EVERYTHING in your textbook for foreign students learning English as a second language.

② To date we have not heard from you and I am wondering whether you still plan to publish this material, and if so, please let us know the date of your publication. Payment of US$102.00 and one copy of the published work is due upon publication. ③ If your use of this material has been cancelled or postponed, please let me know as I would like to update our files.

Sincerely,
（*Signature*）
Ken Scotch
Subsidiary Rights Manager

---

①返事を求めたい内容　②いまだに返事がないことを伝える　③再度返事を求める

相手の返事を求める文書 ■Asking for Responses

> 和訳

「著作権の問い合わせに対する返事を求める」

東ニューヨーク大学出版
〒10022　ニューヨーク州ニューヨーク
東50番通り211番地
電話／ファックス（212）777-6200

2009年6月22日

アン・マキューン教授
イリノイ州立大学経済学部
〒447405　イリノイ州シカゴ市北バラ通り301番地

拝啓　アン・マキューン教授

　　　　　　　　　著作権の許諾に関して
　私は、あなたに2009年4月23日に認められた、英語を第二言語として学ぶ外国人学生のためのテキストに『君はすべてを得ることができない』という題名の本の65ページに掲載されている「雪」というお話の書き直しと出版に関する著作権の状況についてお尋ねするためにこの手紙を書いております。

　これまでのところ私どもはまだ先生からお返事をいただいておりません。先生はまだこの教材を出版するおつもりなのでしょうか。そうだとしたならば、出版の日程を教えてください。アメリカドルで102ドルの支払いと出版された作品を一部いただくことが、出版の条件となっております。もしこの教材の使用が中止になったり、延期になったりした場合は、私たちのファイルを最新のものにしたいので、お知らせください。

　　　　　　　　　　　　　　　　　　　　　　　　　　　　　　　敬具

ケン・スコッチ
著作権課担当部長

[語彙]　inquire about ~ 熟「~について問い合わせる」／status 名「状況」／to date 熟「現在まで」／publication 名「出版」／due 形「当然~すべき」

175

●覚えておきたい**表現**

① 何に関して返事を求めているのかを簡潔に説明する

本文最初にある "RE:" は、「〜について、〜に関して」の意味です。"with regard to 〜" は、正式な文書に使用しますが、"RE" は、ややくだけた短い手紙に用いる傾向があります。

1. 「あなたが認めてくださった許諾の状況についてお伺いします」
   I am writing to inquire about the status of the permission you granted.

2. 「あなたが今もこの教材の開発に取り組んでいらっしゃるのか知りたいと思っております」
   I would like to know whether you are still working on the development of these course materials.

3. 「この手紙は、あなたに今も本書を出版する計画があるのかどうかを確認するものです」
   This letter is to confirm whether or not you are still planning to publish this material.

4. 「貴社には私どもの新製品の購入をまだご検討いただいているのかどうかを、確認のためにお伺いいたします」
   I am writing to you to make sure that you are still interested in purchasing our new product.

② まだ返事がない旨を述べる

例文中の "To date" は、「現在まで、今までのところ」という意味で、通常最上級の形容詞または完了形と共に使われる表現です。最上級とともに使う場合は、This may be the aircraft maker's best small jet plane to date.「これはこの航空機メーカーのこれまでで最高の小型ジェット機かもしれない」のように使います。

1. 「あなたからまだ返事が届いていません」
   We have not heard from you.
   We have not received any response from you yet.

2. 「あなたがこのプロジェクトを中止したのかどうかとあれこれ思いをめぐらしています」

相手の返事を求める文書■Asking for Responses

I am wondering whether [if] you cancelled this project.

3.「私どもは、貴社からのお返事をまだお待ちしております」
We are still waiting for your response.

③ 返事を求める

1.「私たちは、ファイルを最新のものにしておきたいので、この件についてお知らせください」
Please let us know about this as I would like to update our files.

2.「あなたに 2009 年 4 月 23 日付けで認められた許諾の状況についてどうぞ私どもにご連絡ください」
Please contact me as to [regarding] the status of the permission you were granted on April 23, 2009.

3.「ご都合のよいときに改訂したお原稿について教えてくだされば（送ってくだされば）幸いです」（非常にていねいな表現）
I would really appreciate it if you would tell me [send me] the revised manuscript at your earliest convenience.
(at one's earliest convenience という表現は、相手になるべく早く返事をしてもらいたいときに使うていねいな表現)

4.「貴社の生産予定についてご説明いただけますか」
Would you please explain your production schedule?

5.「ご注文の書かれたリストをファックスにてお送りください」
Please send us a list of your orders by fax.

参考

　アンケートへの回答とその返却を願うときに書く文として、下記のような表現があります。
　「アンケートにすべてお答えいただき、同封いたしました社宛の返信用封筒でご返送ください」
　Please answer all the questions and return the questionnaire in the enclosed self-addressed, stamped envelope.
(self-addressed, stamped envelope は「自分の住所氏名を書いた切手を貼ってある返信用封筒」という意味で SASE と略されることもある)

相手の誤解を解く文書　Clearing up Misunderstandings

Point 配達の遅れなどに関する顧客からのクレームが届いた場合の状況説明では、(1) 相手が誤解している旨を説明し、(2) 相手の苦情内容と正しい内容について述べ、(3) 謝罪した上で、ていねいな語調で締めくくる、といった構成が一般的です。

Irene Leech

Jenny Walker & Son, Ltd.

301 North Rose Avenue, Chicago, Illinois 44740

August 25, 2009

Mr. Kevin Williams
2933 Washington Ave.
Seattle, WA 98112

Dear Mr. Kevin Williams:

① Thank you very much for purchasing our product, Super Vacuum Cleaner. ② In the letter dated August 5, 2009, you claimed that it had not been sent to you yet. ③ Then we made a thorough investigation into the matter over the past weeks. After the investigation, we have concluded that your order was sent to the wrong address because some part of your address had been misspelled. We have already sent your order to your address mentioned above, so you will obtain it very soon. If you do not receive it within a couple of days, please contact us again.

④ We would like to offer our sincere apologies for the delayed delivery. Please let us know if you have further questions.

Sincerely,

(*Signature*)
Irene Leech
General Manager

---

①商品を購入してくれたことへのお礼　　③調査結果報告と処理方法についての言及
②苦情の内容　　　　　　　　　　　　　④謝罪の言葉

相手の誤解を解く文書■Clearing up Misunderstandings

和訳

「配送遅延の誤解を解く」

アイリーン・リーチ
ジェニー・ウォーカー・アンド・サン有限会社
〒44740　イリノイ州シカゴ市北バラ通り301番地

2009年8月25日

ケビン・ウィリアムズ様
〒98112　ワシントン州シアトル市
ワシントン通り2933番地

拝啓　ケビン・ウィリアムズ様

　この度は、弊社の商品「スーパー掃除機」をご購入いただき、まことにありがたく存じます。2009年8月5日付けのあなたの手紙によりますと、今回ご購入いただいた商品がまだお手元に届いていないとのことでした。そこで、私どもはこの件に関しましてここ何週間かの間、徹底した調査を行いました。その結果、あなたのご住所の一部が綴りを誤って記載されたために、その間違った住所へ商品が発送されてしまったことが判明いたしました。私どもは、ご注文いただいた商品を既に上記のあなたの住所へ発送しておりますので、まもなくお手元に届くと存じます。もし2, 3日以内に届かない場合は、再び私にご連絡ください。
　この度、商品の配送が遅れてしまったことを心からお詫び申し上げます。何かほかに質問がありましたら、私どもへご連絡ください。

敬具

アイリーン・リーチ
総支配人

[語彙]　**claim** 動「〜と主張する」（claim には「苦情」の意味はなく、「苦情を言う」は **complain about** 〜とか **make a complaint** を使う）／**investigation** 名「調査」／**conclude** 動「〜と結論する」／**order** 名「注文品」

●覚えておきたい**表現**

① 相手が誤解をしていることを説明する

相手の誤解を解く趣旨の手紙を書く際には、いきなり「～について誤解が生じております」と書き出すのではなく、例文の最初の部分のように前置きとして説明する文を補う必要があります。

1. 「契約条件についての誤解があるようです」
   There appears to be some misunderstanding about the conditions of our contract.（この文の misunderstanding は不可算名詞）

"appear" のほうが "seem" よりもていねいな語であるため、手紙文ではよく使用されます。

2. 「契約条件についての誤解があることに気づきませんでした」
   We were not aware of some misunderstandings about the conditions of our contract.（この文の misunderstanding は可算名詞）

"We were not aware of ～" は、「of 以下のことについて気づかなかった」という意味合いを含む表現になります。aware には「トラブルや問題があることを知っている」という意味合いがあります。

3. 「商品のご注文について誤解が生じたようです」
   Some misunderstanding appears to have arisen concerning your order of the product.

② 事実を伝える

事実に基づく正しい内容について述べるときには、誤解であることがわかった経緯や誤解であることを裏づける根拠をわかりやすく説明するとよいでしょう。

1. 「私がいる前で、部長はこの間違いを認めました」
   In my presence, our manager acknowledged this error.

2. 「この件を調査した後に、あなたの番地を誤って記載したために、その間違った住所へ商品が発送されてしまったという結論に至りました」
   After looking into this matter, I have concluded that the item was sent to the wrong address because of misspelling of the block number.

3. 「商品を発送する前に部長があなたの住所が間違っていることに気づかなか

ったために、商品が送られなかったことが判明しました」
We have found the fact that the product was not sent to you because our manager did not catch the misspelling of your address before the product was shipped out to your place.

③ 誤解を解く

誤解を解くために、相手の理解と協力が必要な場合は、その旨をお願いするとよいでしょう。

1. 「この誤解を解くために、ご協力ください」
   I would like you to cooperate with us to clear up this misunderstanding.

2. 「この誤りを訂正するにあたって、あなたのご協力を切に願います」
   I would appreciate your cooperation in correcting this error.

3. 「両当事者間にいくぶん意見の違いがありますので、第三者にお願いしてこの問題を解決することを提案いたします」
   As there are some differences between these two parties, we propose that we (should) ask a third party to solve this problem.

④ 締めくくる

もし、会社側に手違いがあった場合は、すみやかに謝り、今後そのような間違いを繰り返さないという意思を伝えるようにします。

1. 「部長はその誤りを訂正し契約書を改訂することを約束しました」
   Our manager promised to correct the error and revise the contract.

2. 「もし、数日中に商品が届かない場合は、再び私宛にご連絡ください」
   If you do not receive your order within a couple of days, please contact me again.

3. 「配達の遅れにつきまして、心からお詫び申し上げます」
   We would like to offer our sincere apologies for the delayed delivery.

了解事項などを確認する文書　Confirming

Point 了解事項を確認する文書では、例えば配達日などを知らせる文書の場合、(1) 商品購入のお礼、(2) 確認を知らせる言葉、(3) 配達予定日、(4) 取引してもらっていることについて再度お礼の言葉を述べる、といった形式が一般的です。

例 1

August 1, 2009

Dear Mr. Johnson:

① Thank you for your order of Aug. 1st for one SEP printer. ② This is to confirm your order placed by email on Aug. 1st.

③ ETD on one SEP printer will be on Sep. 1st.

④ We appreciate your confidence in our products.

Yours sincerely,

Tomio Sato

①商品購入のお礼　　　　　　　　　③配達予定日
②確認の知らせ　　　　　　　　　　④再度お礼の言葉を述べる

例 2

October 7, 2009

Dear Mr. Burton,

① Thank you very much for booking a room at Sunshine Hotel. We are very pleased to confirm your booking. You have reserved one smoking twin room for two nights.

② Please let us know your arrival time, transportation method to our hotel and payment term.

③ We look forward to your arrival.

Yours sincerely,

Ichiro Nakano

了解事項などを確認する文書 ■Confirming

●和訳
「注文確認」

> 2009年8月1日
> ジョンソン様
>
> 8月1日、SEPプリンターをご注文いただきありがとうございます。この案内は8月1日に電子メールで注文を受け付けたことをお知らせするものです。
>
> SEPプリンターの配達日は9月1日を予定しております。
>
> わが社の商品をごひいきいただき感謝申し上げます。
>
> 敬具
>
> 佐藤富雄

［語彙］ confirm 動「〜を確認する」／ETD「配達予定日」（＝Estimated Time of Delivery）このほかEstimated Time of Departure「出発予定時刻」という意味でも使う。／confidence 名 信用

①ホテルの予約のお礼と予約確認　　　　③到着を楽しみにしている旨の表示
②到着時間と交通手段の確認

●和訳
「予約確認」

> 2009年10月7日
>
> バートン様
> サンシャインホテルにご予約いただきましてありがとうございます。予約の確認をさせていただきます。ツインの喫煙室1室を2晩ご予約いただきました。
>
> 到着時間とホテルまでの交通手段、そしてお支払い方法をお知らせください。
>
> ご到着をお待ちしております。
>
> 敬具
>
> 中野一郎

［語彙］ book 動「〜を予約する」／transportation method 名「交通手段」

183

例 3

May 10, 2009

Dear Mr. Gregory:

① We are pleased to confirm your appointment with Mr. Nakata at our Osaka head office on August 1st at 1 p.m.

② I will pick you up at Kansai International Airport, and meet you at the baggage claim area. I have also made arrangements for us to have lunch at noon.

③ We look forward to seeing you soon.

Yours sincerely,

Tomio Sato

①確認の知らせ　　　　　　　　③結びの言葉
②迎えに行く時間

了解事項などを確認する文書 ■Confirming

和訳

「約束の確認」

2009年5月10日

グレゴリー様

8月1日午後1時、当社の大阪本社での中田氏とのご面会の確認を申し上げます。

当日、関西国際空港までお迎えにまいります。荷物引取所にてお待ち申し上げております。また、正午より昼食の準備もさせていただきます。

お会いできる日を楽しみにしております。

敬具

佐藤富雄

[語彙]　meet 動「(～で) 迎える」／baggage claim 名「荷物引取所」

●覚えておきたい**表現**

① 〜を確認したいという表現

確認をするときに用いる文書の表現には、
- Would you please confirm that 〜「〜についてご確認ください」
- I would like to confirm 〜「〜について確認したい」
- This will confirm 〜「これは〜の確認です」
- This letter is to confirm that 〜「この手紙は〜を確認するものです」
- We ask that you would confirm 〜「確認していただきたいと思います」
- We would like you to confirm 〜「ご確認いただきたいと思います」

などがあります。

1. 「これは8月1日の訪問の確認です」
   This will confirm my visit on Aug. 1st.

2. 「ミーティングが8月1日に開催される旨確認したいと思います」
   I would like to confirm our meeting of Aug. 1st.

3. 「来週出荷の日にちを確認します」
   We will confirm the shipment date next week.

> 「〜を確認したい」という表現では、I have to 〜より I need to verify [confirm] 〜のほうが適しています。
> I need to verify that the price for the SEP model is not more than $100.
> 「SEPモデルが100ドル以上しないことを確認したい」

4. 「展示会の準備が整っているかどうか確認したいのですが」
   May I confirm the arrangements for the exhibition?

5. 「この稟議書を上司にご検討いただけるか確認したいのですが」
   I would like to confirm that this request for approval will be sent to our boss.

6. 「この提案についてご担当いただける弁護士の方を確認させてください」
   We would like to confirm the attorney who has charge of this proposal.

7. 「面接の日時ですが、10月2日午後2時より御社でということを確認させていただきたいのですが」

I would like to confirm my interview at your office at 2 p.m., October 2.

8. 「この手紙は筆頭株主である ABC Inc. が 20 億円を折半して出資することに同意したことを確認するものです」
This letter is to confirm that ABC Inc. as the largest stockholder agreed to make an even investment of 2 billion yen.

9. 「2009 年 3 月 10 日付けの貴社からのオファーを受諾したことを確認するため、こちらのメールを差し上げます」
We are writing this email to confirm our acceptance of your offer dated March 10, 2009.

② 確認を求める

「〜を確認していただけますか」という文書では、Could you please verify [confirm] 〜? や Would you please verify [confirm] 〜? などを用います。

1. 「8 月 1 日までに確かめていただけますか」
Could you please verify it for me by August 1?

2. 「契約書が更新されているかご確認をお願いいたします」
Would you please confirm that you have already updated our contract?

3. 「飛行機のチケットをお受け取りになったかご確認ください」
Would you please confirm that you received the airline ticket?

4. 「この報告書を役員会にかける前に、もう一度記入漏れがないか確認してください」
Before discussing the report with your board of directors, please confirm that there is no important omission in the report.

5. 「3 月 1 日付で注文をしました ES MODEL プリンター 20 台がすでに出荷されているのか確認していただけると助かります」
It would be very helpful if you could confirm the shipment of 20 ES MODEL Printers ordered on March 1.

6. 「ホテルの手配がされているのかご確認ください」
Would you please confirm that you have arranged the accommodations?

祝辞を述べる文書　Congratulating

Point　祝辞を述べる文書では、①今回の相手の受賞または昇進などの成功を祝い、②成功に導いたと考えられる過去の業績など、成功した理由について触れ、③今後の仕事の成功を期待する旨を伝え、文書を締めくくる、というスタイルが一般的です。

Sara Thorndike
Jenny Walker & Son, Ltd.
301 North Rose Avenue, Chicago, Illinois 44740

August 25, 2009

Mr. Robert Wallis
2933 Washington Ave.
Seattle, WA 98112

Dear Mr. Robert Wallis:

① Congratulations on your promotion to general manager. You must be very proud of your accomplishment. ② I am sure that this promotion comes as a direct result of the efforts you have made for the company and your excellent leadership skills.

③ Best wishes for continued professional success in your new position. Please let me know if I can be of any help.

Cordially,
(*Signature*)
Sara Thorndike
Production Department

ST:saf

---

①成功を祝う言葉
②成功した理由
③今後の仕事の成功を期待する言葉で締めくくる

祝辞を述べる文書 ■ Congratulating

和訳
「昇進のお祝い」

サラ・ソーンダイク
ジェニー・ウォーカー・アンド・サン有限会社
〒44740　イリノイ州シカゴ市北バラ通り301番地

2009年8月25日

ロバート・ウォレス様
〒98112　ワシントン州シアトル市
ワシントン通り2933番地

拝啓　ロバート・ウォレス様

総支配人への昇進おめでとうございます。あなたは、きっとこのたびの昇進を誇りに感じていらっしゃるに違いありません。この昇進は、ひとえにあなたが日ごろから会社のためにしてこられた努力とすばらしい指導力の賜に違いありません。
また新しい地位において、ますますのご成功を心より願っております。もし私にできることがありましたら、お知らせください。

敬具

サラ・ソーンダイク
生産部門

ST：saf（イニシャル：文書を書いた人（と秘書等）のイニシャル）

[語彙]　promotion 名 「昇進」／accomplishment 名 「成果」／continued 形 「度重なる」

●覚えておきたい**表現**

① お祝いを述べる

1. 「受賞おめでとう」（ややくだけた表現）
   Congratulations on receiving the award.

2. 「あなたのこの度の昇進についてお祝いを申し上げます」
   I congratulate you on your recent advancement.

3. 「この賞の受賞者に選ばれたことをあなたにお知らせすることは私にとって喜ばしいことです」
   It is a pleasure for me [It is my pleasure] to inform you that you have been chosen to receive this award.

4. 「会社の社長に昇格されたとうかがい、とてもうれしく思いました」
   I was very happy to hear about [It was great to hear about] your promotion to president of the company.

5. 「最近あなたの会社が中国で成功したことを誇りに感じているにちがいありません」
   You must be very proud of your company's recent success in China.
   （この表現は、手紙の送り手が相手に対してその業績を大いにたたえるときに使われる表現です。）

② 受賞や会社での成功をたたえる

過去の業績やそれまでの努力をたたえるような文を書くことが重要となります。

1. 「あなたのこれまでの活動を思い返してみると、あなたはこのすばらしい賞を授与されるのに十二分に値します」
   Looking back on your previous activities, **you very much deserve** winning this distinguished award.

2. 「あなたのやった仕事は大変すばらしく、あなたの優れた指導力がよくうかがえます」
   Your work has been excellent, which shows that you have great leadership skills.

祝辞を述べる文書■Congratulating

3. 「この昇進は、ひとえにあなたが日ごろから会社のためにしてこられた努力の直接の結果にちがいありませんし、あなたの仕事ぶりは際立っていました」
This promotion must be a direct result of the constant efforts you have made for the company, and of the fact that your work is outstanding.

③ 締めくくり

将来の成功とますますの発展を願う旨を伝えます。

1. 「新しい地位でも今後ますますご成功されることをお祈りしております。何かお手伝いすることがありましたら、お知らせください」
We would like to send you our best wishes for continued success in your new position. Please let us know if we can be of any assistance.

2. 「新しいプロジェクトがうまくいきますよう願っております」
I wish you all the best in your new project.

3. 「新しい地位でのご成功をお祈りしております」
I wish you well in your new position.

下記のように、主語を省略する文は略式になります。

4. 「プロジェクトがうまくいきますように。何かお手伝いすることがありましたら、お知らせください」
Good luck with the project, and please let me know if I can be of any help.

参考

下記の3つの表現はいずれも結婚のお祝いのための定型表現です。例文中に出てくるこれらの may は、「祈願」を表すときに使われます。

1. 「あなたとあなたの家族が幸せでありますように」
May you and your family be happy!

2. 「花嫁さんと花婿さんの末永いお幸せを願っております」
May the bride and groom have a long and happy life together!

3. 「幸福があなたとあなたの家族にやってきますように」
May happiness be upon you and your family!

悪い知らせを伝える文書　Conveying Bad News

Point　不採用を知らせるなど、悪い知らせを伝える文書では、①応募してくれたことへのお礼、②不採用を知らせるとともに、できれば、その理由についても触れる、③最後は礼を言って締めくくる、あるいは再度チャレンジするよう促す、といったスタイルが一般的です。

例 1

Dear Mr. Takeshi Sato:
① Thank you for your application for the position of a part-time English instructor that we advertised in Tokyo Post. ② After considering your application carefully, we regret to inform you that we are unable to give you a favorable answer on this position.
③ However, we thank you for your interest in our school and hopefully, in the future we will have a chance to work together. We will keep your resume on file.
Sincerely yours,
Noboru Goto

①就職申し込みへのお礼の言葉　②不採用の知らせ　③お礼の言葉

例 2

Dear Mr. Walker,
① Thank you very much for your order #1234 for 20 PE MODEL Printers. We are extremely sorry, but the PE MODEL Printer is temporally out of stock due to high demand.
② We would like you to wait about 2 weeks to ship or, we could provide the latest model printer, called PES MODEL Printer, at the same price.
③ We would appreciate it if you could tell us how you wish to proceed on this matter. Thank you for your understanding.
Sincerely yours,
Taro Sato

①理由を説明して悪い知らせを伝える　　　③到着を楽しみにしている旨の意思表示
②悪い知らせに対する対処法を伝える

悪い知らせを伝える文書 ■ Conveying Bad News

和訳

「不採用の通知」

佐藤健様

この度は、東京ポストに掲載された英語非常勤講師の職にご応募くださりありがとうございました。ご提出いただいた履歴書を慎重に審議しました結果、まことに残念ではございますが、今回はあなた様のご希望に沿うことができませんでした。

当校にご関心をお寄せいただきありがとうございます。将来のご縁に備えて履歴書はお預かりさせていただきたく存じます。

敬具

後藤昇

[語彙]　application 名「申し込み（書）」／consider 動「よく検討する」／hopefully 副「願わくば」（一般には、この言葉は形式上添えてあるだけのもので、実際に書き手がそう思っているわけではないことのほうが多いと考えられている）

和訳

「品切の通知」

ウォーカー様

注文番号1234で PE MODEL プリンターをご注文いただきありがとうございます。まことに申し訳ございませんが、PE MODEL プリンターはただいま在庫切れになっております。

2週間ほどお待ちいただくかそれとも最新のモデルである PES MODEL プリンターを同価格にて提供させていただきます。

この件につきましてご連絡を頂戴できればと思います。ご理解いただきまことにありがとうございます。

敬具

佐藤太郎

●覚えておきたい**表現**

① 「大変残念ですが～」や「申し訳ございませんが～です」を表す表現

悪いことを知らせる文書では、
- I'm sorry to inform you that ～「残念ながら～です」
- We regret to inform you that ～「残念ですが～であることをお知らせいたします」
- Due to ～,「～の理由のために」
- I regret to inform you that ～「申し訳ございませんが～です」
- We are extremely sorry, ～「大変申し訳ございませんが～です」
- I'm afraid that ～「申し訳ございませんが～です」
- To our regret, ～「残念ですが～」
- Unfortunately, ～「不幸にも～」

といった表現で相手の理解を得ます。また、I'm afraid to tell you that ～は、「～をお伝えするのが恐ろしい」という意味になるので、I'm afraid that ～「申し訳ございませんが～です」と書くほうがよいでしょう。

1. 「予期せぬ事態のため、契約を更新しかねます」
   Due to unforeseen circumstances, we have decided not to renew our contract.

2. 「申し訳ございませんが、契約更新が遅れています」
   I regret to inform you that the renewal date of the contract has been postponed.

3. 「大変申し訳ございませんが、弊社商品の価格が変更になります」
   We are extremely sorry, but the price of our product will be changed.

4. 「申し訳ございませんが、来年度の契約更新はできかねます」
   I'm afraid that we have decided not to renew our contract with you for next year.

5. 「残念ながら、そのような取り決めは弊社規定により禁じられています」
   We regret to inform you that such an arrangement is prohibited by our company policy.
   (such an arrangement ～は「そのような取り決め」という意味)

6. 「残念ながら、現在のところご要望に応じることはできかねます」

We are sorry to tell you that we cannot accommodate your request at the present time.

7. 「誠に申し訳ございませんが、4月1日をもちまして当社のSE型プリンターの価格を変更させていただきます」
We are sorry, but effective April 1, the price of our SE Model Printer will be changed.

8. 「誠に残念ではございますが、貴社の見積価格は他社に比べると非常に価格が高いので注文はできかねます」
We regret to say that we cannot make a purchase because the price you offered is much higher than those of another company.

9. 「誠に申し訳ございませんが、貴社のお申し越しの日までには出荷できかねます」
We are extremely sorry, but we are unable to make delivery by the date you requested.

10. 「誠に残念ではございますが、すでに採用が決定いたしました」
We regret to say that the position you applied for has already been filled.

11. 「大変残念ではございますが、今回の契約は他社に決まりました」
To our regret, we are going to make a contract with another company.

12. 「大変残念ではございますが、今回の入札では他社に決まりました」
We regret to inform you that we have decided to go with another company.

② 礼を言って締めくくる

悪い知らせを伝えた後に、「何とぞご理解を」という表現では、Thank you ～、や We hope you ～といった表現を使います。

1. 「当社にご興味を持っていただきありがとうございます。さらなる発展をお祈りいたします」
Thank you for your interest in our company and best wishes for the future.

2. 「ご理解いただけると助かります」
We hope you will understand our circumstances.

相手の要求を断る文書　Declining Requests

Point 相手の要求を断る文書では、①申し入れや招待に対する礼を述べ、②断りの言葉とともに断る理由を述べ、③最後にお礼を述べるのが一般的です。断りの理由は必ず入れるようにしましょう。

例1

Dear Mr. Leeds:

① Thank you very much for inviting me to your conference on Aug. 1st at your Tokyo conference room.

② Unfortunately, I could not attend this conference because I have a previous engagement.　③ I hope that you will update me on all of the news.

I look forward to seeing you soon.

Yours sincerely,

Tomio Sato

① 招待を受けたことへのお礼
② 断りとその理由
③ 今後も連絡を取り続けてほしい旨の言葉

例2

Dear Mr. Robertson:

① Thank you for your inquiry regarding refunding.　② Unfortunately, we will refund you the complete purchase price, but not including the shipping and handling costs, after your order has been shipped from the manufacturer.　③ I hope you understand our situation.

Best Regards,

Taro Sato

① 問い合わせへのお礼　②断りとその理由　③理解への言葉

相手の要求を断る文書 ■Declining Requests

> 和訳

リーズ様

8月1日に東京にある御社の会議室で開かれる会議にご招待いただきありがとうございます。

まことに申し訳ございませんが、すでに先約が入っているため今回は会議には参加できかねます。新しい情報を頂戴できればと思います。

近々お会いできる日を楽しみにしております。

敬具

佐藤富雄

[語彙]　previous engagement 名「先約」（断りの理由として最もよく使われる。ほかには day off / vacation「休暇」や business trip「出張」などがある）

> 和訳

ロバートソン様

返金についてのお問い合わせありがとうございます。誠に申し訳ございませんが、工場より出荷いたしました後の返金は、商品の分のみの返金とさせていただき、送料・手数料は返金できかねます。ご理解のほどどうぞよろしくお願い申し上げます。

敬具

佐藤太郎

●覚えておきたい**表現**

① 断る理由をお礼とともに述べて締めくくる

相手の要求を断る文書では、
I'm very sorry, but I cannot 〜「申し訳ございませんが、〜できません」
I'm afraid that we cannot meet your request.「ご要望にはお応えできかねます」
We are unable to make a firm commitment on 〜「〜に関しては確約できません」
I must decline your request.「ご要望はお断りさせていただきます」
Unfortunately, 〜「大変申し訳ございませんが〜」
などがあります。

1. 「誠に申し訳ございませんが、製造過程をお見せすることはできません」
   I'm very sorry, but I am not allowed to show you our manufacturing process.

2. 「恐れ入りますが、11月1日は都合がつきません」
   I'm afraid that I am not available on Nov. 1.

3. 「提示していただいた金額は妥当だと存じますが、現地点では確約をすることはできません」
   Although your price sounds very reasonable, **we are unable to make a firm commitment** at this time.

4. 「ぜひともパーティーに参加したいと思いますが、先約があるためにお断りしなければなりません」
   I would like to attend the party, but **I must decline due to** a prior commitment.

5. 「大変申し訳ございませんが、現在こちらのプロジェクトに興味はありません」
   Unfortunately, our company is not interested in this project at this time.

6. 「貴社のオファーを受託いたしたく存じますが、弊社の倉庫の関係から3回に分けて配送いただければと存じます」
   We are able to accept your offer; however, due to our limited storage for items, we would like to ask you to make three separate shipments.

7. 「この件に関しまして綿密に検討いたしましたが、誠に残念ではございます

相手の要求を断る文書 ■Declining Requests

が貴社のオファーを受託できかねます」
We have carefully considered this matter but **we regret to say that we are unable to accept your offer.**

8.「誠に残念ではございますが、貴社のオファーを受託できかねます」
We regret to say that we cannot accept your offer.
We are sorry to say that your offer is not acceptable.
Unfortunately, we are unable to accept your offer.

9.「メーカーの生産力に限りがあるため、貴社よりご注文いただきました数量を出荷することはできかねます」
Due to the manufacturer's limited production, **we are unable to fulfill your order.**

10.「誠に申し訳ございませんが、その価格には応じられません」
We are sorry to inform you that **we cannot meet your price.**

11.「大変申し訳ございませんが、その仕様には応じられません」
Unfortunately, **we are unable to comply with** your specifications.

12.「大変申し訳ございませんが、その支払い方法には応じられません」
We are sorry to say that **we are unable to accept** your payment terms.

13.「誠に申し訳ございませんが、貴社が要求するリードタイムには応じられません」
We regret to say that **we are unable to meet** the lead-time you required.
＊リードタイムとは、発注から配送までの時間

② 理解を求める

悪い知らせを伝えた後に「何とぞご理解をたまわりますよう」という表現では、Thank you 〜、や We hope you 〜といった表現を使います。

1.「我が社にご興味を持っていただきありがとうございます。さらなるご発展をお祈りいたします」
Thank you for your interest in our company and best wishes for the future.

2.「ご理解いただきますようお願いいたします」
We hope you will understand our circumstances.

199

◀ 第３章・第４章で紹介した用途別表現例 ▶

　ビジネスレターを書くときにすぐに使えるように、第３章と第４章で紹介しました用途別英語表現例について、下記に表現項目と頁数を列挙しますので、ビジネスレターの作成時に参考にしてください。

「～に関する報告です」	61
「添付した報告書には～が含まれています」	61
「添付の概要書にあるとおり～です」	61
「変更・調整を要請する」	65
「お詫びの言葉と提案」	65
「～の調査を行う」	69
「この調査が効果的であることを望む」	69
「社内規定」	72・73
「機器の使用法を説明する」	77
「文書の趣旨［目的］を述べる」	80
「稟議の必要性を認識してもらうための文例」	81
「業績を述べる」	86
「褒めるべき点を述べる」	86
「賞状や賞金を贈呈する」	87
「（個人的な）謝罪」	90・91
「同じ過ちを繰り返さないという決意表明」	91
「採用が決まったという事実を述べる」	96
「書類を同封する」	96
「手続きや規則を説明する」	96
「事実・数字を挙げる」	100
「分析する」	101
「将来への展望」	101
「改善の動機を述べる」	105
「現状を説明する」	105
「改善点を提案する」	105
「研究発表の要旨」	109
「製品の特徴を説明する」	110

第3章・第4章で紹介した用途別表現例

「将来の展望」	111
「感謝の気持ちを表す」	114
「礼状の結び」	115
「送付物の内容を明記する」	119
「同封物について注記を加える」	119
「見積書で使う表現例」	122
「商品を注文する」	126
「請求書送付を依頼する」	126
「支払期日を明記する」	130
「2回目以降の督促に使われる表現例」	131
「会合やセミナーに招待する」	134
「会合やパーティーの内容について述べる」	134
「出席を促す」	135
「出欠の期日を伝える」	135
「謝罪」	138
「今後の対応と展望を述べる」	139
「現在の職を離れることを述べる」	142
「職を離れた後の引継ぎ内容について述べる」	142
「契約書中で使われる表現例」	148
「承認する内容について確認する」	155
「付帯条件及び制約について明らかにする」	156
「値上げを伝える」	160
「相手に行動を起こすことを促す」	164
「相手の承認・了解を求める」	168
「相手に説明を求める」	172
「相手の返事を求める」	176
「相手の誤解を解く」	180
「了解事項などを確認する」	186
「祝辞を述べる」	190
「悪い知らせを伝える」	194
「相手の要求を断る」	196

コラム④　「Eメールの出だしと結びの言葉」

加藤　寛

　親しい仲での"掛け言葉"を少しご紹介しましょう。50歳代なかばの私が使う言葉と、もっと若い方々の言葉は自ずと異なるはずですが、ひとつの例として捉えてください。

　家族同然のお付き合いをしている方へのメールです。Hi, Carol（先方のファースト・ネーム）とか Hi, there! などで始めて、例えば See ya!（ya は you の変形）とか、Luv ya!（Luv は Love の略）とか Love to you and your family で終えます。ちょっと気恥ずかしいですが。

　大事な一点：この例のお相手はアメリカ人です。これがイギリス人だと、ここまでくだけないケースが多いと思います。

　そこまでくだけない場合：Hi, Benjamin（ファーストネーム）などで始めるのは同じ。何の変哲もありませんが Dear Benjamin（ファーストネーム）もありです。終わりを Kind regards や、Best regards で締めます。変形として単に Regards、Kindest regards などもあり。

　もはや私にはあてはまりませんが、恋人に出すメールであれば：My dearest Elizabeth（ファーストネーム）で始めて Love always で終わったりします。このあたり、決まりごとはあってないようなものですから、送る人、受ける人が気持ちよくなる言葉が一番正しい使い方でしょう。

ビジネスレターで使える表現集

　ここには本書で紹介したビジネスレターや関連表現を元に、ビジネスレターの用途別に項目をまとめ、関連する表現をまとめて紹介してあります。各項目は「冒頭の挨拶」と「文末表現」以外はアイウエオ順に掲載しました。ビジネスレターの作成時にお役立てください。

　ここで紹介した項目は下記の通りです。

「冒頭の挨拶」	「採用通知」	「値上げのお知らせ」
「文末表現」	「謝罪」	「(予定の) 変更」
「安心を与える」	「祝辞」	「保管」
「案内」	「照会」	「要望」
「依頼・要請」	「招待」	「予定・日程」
「確認」	「承諾」	「理解を求める」
「感謝」	「情報提供」	「連絡・問い合わせ」
「祈念します」	「(取引) 中止のお知らせ」	
「希望」	「注文」	
「許可・認可」	「調査を行った」	
「誤解についての説明」	「通知」	
「断り」	「提案」	

冒頭の挨拶

Thank you for your continuing support for our company.
平素はご愛顧を賜り厚くお礼申し上げます。

We would like to thank you for being in business with us for so many years.
御社との長い間の取引に感謝申し上げます。

Today, we would like to recommend a wonderful hotel in Langkawi, Malaysia.
本日は、マレーシア、ランカウイ島のすばらしいホテルを紹介いたしたくご連絡しました。

This is just let you know that your payment is not up to date.
この手紙は、支払い期日が過ぎていることをお知らせするものです。

We are writing you to remind you of an unpaid balance of 100,000 yen on your

203

account.
100,000円がまだ振り込まれていないご連絡を差し上げました。

文末表現

We look forward to hearing from you soon.
ご返事をお待ちしております。

I wish to hear from you soon.
貴方から間もなくお返事をいただけることを願っております。

Thank you once again for your interest in National Bank.
あらためてナショナル・バンクにご応募いただきお礼申し上げます。

I look forward to the opportunity of serving you in the near future.
近い将来、本サービスをご提供できれば幸いです。

We should be grateful if you could send us your check as soon as possible.
できるだけ早く小切手をお送りいただけると大変ありがたく存じます。

I very much enjoyed working with you. I wish you luck in your business.
あなた様と働けてとても楽しい思いをしました。今後のご成功をお祈りします。

It was my pleasure to work with you during the past three years. I believe you will have great success in your business.
過去３年間あなた様と働けて大変光栄でした。今後ともお仕事でのご成功を信じております。

Your cooperation in this matter is greatly appreciated.
この件に関しましてご協力を感謝いたします。

Thank you very much for your consideration. I hope to hear from you soon.
私どものことをご考慮いただき、大変感謝いたしております。早くお返事をいただけることを望んでおります。

I would really appreciate it if you could respond to me at your earliest convenience.
ご都合のいいときに私どもへご連絡いただければ、幸甚に存じます。

Please let me know if you have further questions.
何かほかにご質問がありましたら、ご連絡ください。

If you do not receive the replacement within a couple of days, please contact

me again.
数日中に代替品が届かない場合は再度ご連絡ください。

If you have any further questions, please let me know. We look forward to hearing from you soon.
何かご質問があればいつでもご連絡ください。ご返事をお待ちしております。

We look forward to making your stay in Andaman Hill Resort Inns a memorable one.
アンダマン・ヒル・リゾートインでのすばらしい滞在を心よりお待ち申し上げております。

安心を与える

It's the most reliable and trusted way to get exactly the seats you want.
これはお客様が欲しい席を確実に手に入れることができる最も信頼できる方法です。

案内 (「通知」の項もご参照ください)

NEW JAPAN ELECTRONICS (NJE) announces the launch of "Ultra-thin Plasma TV RPC 3100 Series," to take effect on Saturday, July 7, 2009.
ニュージャパンエレクトロニクス株式会社（NJE）は、2009年7月7日（土曜）に最新フラットパネルを使用した「超薄型プラズマテレビ RPC3100 シリーズ」を発売いたします。

NEW JAPAN ELECTRONICS (NJE) announces the successful development of a new technology aimed at quick recognition of fingerprints, a recent achievement made possible by its R&D Center.
ニュージャパンエレクトロニクス株式会社（NJE）は、当社の商品開発研究所で、最近、短時間で認証できる指紋読み取り機の開発に成功したことを発表いたします。

Effective April 1, 2009 Hanna Trend Inc. will enter into limited partnership with Marubishi Shoji Co., Ltd. of Tokyo, Japan.
ハンナ・トレンド社は2009年4月1日より東京の丸菱商事と一部業務提携を行います。

Hanna Trend Inc. signed a product licensing agreement with Marubishi Shoji Co., Ltd. of Tokyo, Japan.
ハンナ・トレンド社は東京の丸菱商事と製品ライセンス契約を締結いたしました。

We are proud to announce that the new product "Second Stage New Life Insurance" has successfully achieved the half-million-subscription benchmark

205

exactly a year after its introduction.
商品開発部が考案した新商品「セカンドステージ新保険」が、発売1年で加入者数50万人を達成しました。

NJE invites all concerned to the press release function announcing a new product at "Kiku Hall" of the Hotel Oyama on Sunday, April 8, 2008 at 1 p.m.
NJEでは新製品発表のプレスリリースを4月8日（日）午後1時より、ホテルオーヤマ「菊の間」で行いますので、ぜひご参加いただきたく、ご案内申し上げます。

依頼・要請

We would like to change our meeting to Nov 4.
会議の日程を11月4日に変更させてください。

We respectfully request that our appointment be postponed appropriately 2 or 3 weeks.
予約を2、3週間延期していただくようお願い申し上げます。

We therefore ask you to refund the US$2,500 which we have already paid you and remit this amount to our account with The Asahi Bank, Ltd., Tokyo branch.
すでに支払い済みの2500米ドルの返金を求め、朝日銀行東京支店の当社口座にお振り込み願います。

Your prompt attention to this matter will be greatly appreciated.
御社がすばやくこの件に関しまして対処していただくことをお願い申し上げます。

I would like to propose a postponement of the said meeting by approximately two weeks.
つきましては、会議の日程を2週間ほど延期させていただきたく、お願いする次第です。

I would really appreciate it if you could respond to me at your earliest convenience.
ご都合のいいときに私どもへご連絡いただければ、大変ありがたく存じます。

確認

This will confirm my visit on Aug 1st.
これは8月1日の訪問の確認です。

I would like to confirm our meeting of Aug. 1st.

ミーティングが8月1日に開催される旨確認したいと思います。

We will confirm the shipment date next week.
来週出荷の日にちを確認します。

It would be very helpful if you could keep that day open.
この日をあけておいていただけると大変助かります。

This letter is to confirm your order.
この書状はお客様からのご注文を確認するために出しています。

This is in regard to confirming the details of our meeting in Tokyo on Aug. 1, 2009.
2009年8月1日、東京で行われる会議の詳細の確認についてご連絡いたします。

We'll ship your order upon receipt of L/C confirmation from your designated bank.
ご指定の銀行へのお支払いが確認された後に出荷いたします。

This letter is to confirm that you are still planning to publish this material.
この本をまだ出版する予定があるかどうか確認させていただきます。

This is to confirm your order placed by email on Aug. 1st.
この案内は8月1日のEメールでの注文が確定したことをお知らせするものです。

We are pleased to confirm your appointment with Mr. Nakata on August 1st at 1 p.m.
8月1日午後1時、中田様とのご面会の確認を申し上げます。

I need to verify that the price for the SEP model is not more than $100.
SEPモデルが100ドル以上しないことを確認したいと思います。

Could you please verify the delivery date for me by August 1?
8月1日までに発送日を確かめていただけますか。

Would you please confirm that you have already updated our contract?
契約書について更新されたのかをご確認お願いいたします。

Would you please let us know if the DVD player 568VD is able to play DVD-R's?
DVDプレーヤーの568VD型がDVD-Rも再生できるかどうか確認していただけますか。

In the previous email, it was not clear whether you would like to pay the bill in

USD or JPY.
代金をドル建てで支払ってくださるのか円建てなのかはっきり書いてありません。

We are not sure whether the time of delivery is at the end of January or the beginning of February.
納期が1月下旬なのか2月上旬なのかが分かりません。

It has not been clarified if the fee for the advertisement in the newspaper will be different depending on the day of the week or the number of the publication.
新聞での広告代金が曜日と部数によってどのように違うのかがはっきり書いてありません。

感謝

Thank you for your letter of Aug. 1, concerning educational programs.
8月1日付の教育プログラムに関するお問い合わせ、ありがとうございます。

Thank you very much for purchasing our product, Super Vacuum Cleaner.
このたびは、弊社の商品である「スーパー掃除機」をご購入いただき、誠にありがとうございます。

Thank you for your order of Aug. 1st for the SEP printer.
8月1日付けで、SEPプリンターをご注文いただきありがとうございます。

Thank you for your interest in working for National Bank.
ナショナル・バンクへの就職にご応募いただきありがとうございます。

Thank you for your advice on the market development in India.
インドでの市場開拓に対するご助言をありがとうございました。

We appreciate your advice on the housing project investment.
住宅投資に対するご助言をありがとうございました。

祈念します

I wish you well in your new position.
新しい地位でのご成功をお祈りしております。

We would like to send you our best wishes for continued success in your position.
あなた様の地位における今後のご成功をお祈りしております。

I wish you all the best in your new project.
新しいプロジェクトがうまくいきますよう願っております。

Good luck with the project, and please let me know if I can be of any help.
プロジェクトがうまくいきますように。何かお手伝いすることがありましたら、お知らせください。

希望

I hope you will understand this situation.
ご理解いただきますようお願い申し上げます。

We hope this report will be very useful for those who are engaged in the can recycling industry.
この調査が缶リサイクル産業に携わる人々の役に立てば幸いです。

We hope you will continue designing our machines in the future.
貴殿がこれからも、当社の将来の機械を設計してくださることを願っています。

We hope that you will attend the conference and would really appreciate it if you could send your replies to us by the end of June, 2009.
このたびの会議にぜひともご出席いただきたく存じます。ご出席か否かのお返事を、2009年6月末日までにいただけますようお願い申し上げます。

許可・認可

I would like to get permission to attend a business etiquette seminar.
ビジネスマナー・セミナーへの参加の許可をお願いいたします。

I would like approval to attend a business etiquette seminar.
ビジネスマナー・セミナーへの参加の許可をお願いいたします。

This is a request for permission to buy a new personal computer.
この文書は新しいパソコンを購入してもよろしいかお伺いするものです。

I would like approval [a request] for $1,000 for a new printer.
プリンターの買い替え費用として1,000ドルのご許可をお願いいたします。

I would like approval to obtain more part-time workers to deal with the busy year-end shopping season in December.
当社の売り上げ最盛期である12月の商戦に伴い、アルバイトの人数の増員の許可をお願いいたします。

If it meets with your approval, please let us know.
もしご許可いただけるなら、お知らせください。

This is to request permission to arrange travel expenses to attend a conference on American educational in Washington, U.S.A.
この文書は、アメリカ合衆国ワシントンで開催されるアメリカンエデュケーション会議に出席するために発生する旅行費の手配をお願いするものです。

We are pleased to grant your request to discount 20% on your recent order of the product because the discount sale just started yesterday.
当社では大売出しセールが昨日から始まったばかりですので、お客様から承ったご注文に対し、20％割引の要求に応じます。

誤解についての説明

There appears to be some misunderstandings about the conditions of our contract.
契約条件についていくつか誤解があるようです。

We were not aware of some misunderstandings about the conditions of our contract.
契約条件についていくつか誤解があることに気づいておりませんでした（現在はそのことに気づいております）。

Some misunderstanding appears to have arisen concerning your order of the product.
商品のご注文につきましていくつか誤解が生じたようです。

In my presence, our manager acknowledged this error.
私がいる前で、部長がこの間違いを認めました。

After looking into this matter, I have concluded that the item was sent to the wrong address because of misspelling of the address.
この問題を調査した後に、ご住所を誤って記載したために、商品を誤った住所に届けてしまったという結論に至りました。

We have found the fact that the product was not sent to you because our manager did not catch the misspelling of your address before the product was delivered to your place.
弊社の部長がお客様のご住所の記載ミスに気づかなかったために、商品をお客様のお手元にお届けすることができなかったということが判明いたしました。

🔳 断り

I'm very sorry, but I am not allowed to show you our manufacturing process.
誠に申し訳ございませんが、弊社の製造過程をお見せすることはできません。

I'm afraid that I am not available on Nov. 1.
恐れ入りますが、11月1日は都合がつきません。

Although your price sounds very reasonable, we are unable to make a firm commitment at this time.
提示していただいた金額は妥当だと存じますが、現時点では確約をすることはできません。

I would like to attend the party, but I must decline due to a prior commitment.
ぜひともパーティーに参加したいと思いますが、先約があるためにお断りしなければなりません。

Unfortunately, our company is not interested in this project at this time.
大変申し訳ございませんが、現在こちらのプロジェクトに興味はありません。

🔳 採用通知 (「案内」「通知」の項もご参照ください)

ABC Systems is pleased to inform you that we can offer you the position of Systems Engineer.
ABCシステムズは、あなた様をシステム・エンジニアとして採用いたしますので、その旨お知らせいたします。

We are pleased to inform you that you have been accepted as Systems Engineer at ABC Systems.
貴殿のABCシステムズのシステム・エンジニアとしての採用が決定しましたのでお知らせいたします。

🔳 謝罪

I regret causing trouble in the office.
仕事上の問題を引き起こして申し訳ありません。

I apologize that my mismanagement caused confusion in the office.
私の不始末で仕事に支障が出たことを謝罪します。

I am sorry for the loss of the important documents on the computer.
コンピューター上の大切な文書を紛失したことをお詫びします。

We apologize for the problem but the batteries inside the cell phone may catch fire under some circumstances.
申し訳ありませんが、携帯電話に使用されている次の電池に発火の恐れがあります。

We regret that the batteries inside the cell phone may catch fire under some circumstances.
申し訳ありませんが、携帯電話に使用されている次の電池に発火の恐れがあります。

We are sorry to announce that the two clocks are not in stock. Therefore, the shipment will be delayed.
申し訳ありませんが、その掛け時計2個は在庫が無いために取り寄せとなり、出荷が遅れます。

I regret to inform you that the release date of the upgrade has been postponed.
申し訳ございませんが、契約更新が遅れています。

We regret to inform you that we found that ten printers were not packed.
誠に残念ながらプリンター10台が不足していることがわかりました。

We are extremely sorry, but the price of our product will be changed.
大変申し訳ございませんが、弊社の商品の価格が変更になります。

I'm afraid that we have decided not to renew our contract with you for next year.
申し訳ございませんが、御社との来年度の契約更新はできかねます。

We regret to inform you that such an arrangement is prohibited by our company policy.
残念ながら、そのような取り決めは弊社規定により禁じられております。

We are sorry to tell you that we cannot accommodate your request at the present time.
残念ながら、現在のところお客様のご用望に応じることはできかねます。

祝辞

Congratulations on receiving the award.
受賞おめでとう（ややくだけた表現）

I congratulate you on your recent advancement.
あなた様のこのたびの昇進についてお祝いを申し上げます。

It is a pleasure for me [It is my pleasure] to inform you that you have been chosen to receive this award.
この賞の受賞者に選ばれましたことをお知らせすることは私にとって喜ばしいことです。

I was very happy [It was great] to hear about your promotion to president of the company.
社長にご昇進されたことをお聞きし、とてもうれしく思いました。

You must be very proud of your accomplishments.
さぞかしご自身の業績を誇りに思っていらっしゃることでしょう。

Looking back on your previous activities, you very much deserve winning this impressive award.
あなた様のこれまでのご活躍を思えば、この名高い賞を授与されるのにふさわしいと思います。

Your work has been excellent, which shows that you have great leadership skills.
あなた様のお仕事は立派なものであり、あなた様が優れた指導力をお持ちであることを示すものだといえます。

This promotion must be a direct result of the constant efforts you have made for the company, and your work is outstanding.
このたびの昇進は、あなた様がこれまで会社のためにたゆまず努力されてきたことの結果であり、お仕事も群を抜くものです。

(照会)
I am writing to inquire about the status of the permission you granted on April 23, 2009.
2009 年 4 月 23 日に認めていただいた許可の状況についてお問い合わせします。

(招待)
We would like to invite you to our 10-year celebration party on Tuesday, September 3, from 5:00 p.m. to 8:00 p.m. at the Royal Hotel in Yokohama.
9 月 3 日（火）午後 5 時より 8 時まで、横浜ロイヤルホテルで行われる創立 10 周年記念パーティーに謹んであなた様をご招待いたします。

We would like to invite you to our annual conference for investors at the Los

Angeles Convention Center on July 1st from 1 p.m. to 6 p.m.
このたび私どもは、7月1日午後1時から6時まで、ロサンゼルスコンベンションセンターにて開かれる年次投資家総会にあなた様をご招待したいと存じます。

You are cordially invited to our annual conference for investors at the Los Angeles Convention Center on July 1st from 1 p.m. to 6 p.m.
7月1日午後1時から6時まで、ロサンゼルスコンベンションセンターにて開かれる年次投資家総会にあなた様をご招待したいと存じます。

Taiyo Investment Bank has the great pleasure of inviting you to our annual conference for investors at the Los Angeles Convention Center on July 1st from 1 p.m. to 6 p.m.
太陽投資銀行では7月1日午後1時から6時まで、ロサンゼルスコンベンションセンターにて開かれる年次投資家総会にあなた様をご招待したいと存じます。

We would like you to attend our annual conference for investors at the Los Angeles Convention Center on July 1st from 1 p.m. to 6 p.m.
7月1日午後1時から6時まで、ロサンゼルスコンベンションセンターにて開かれる年次投資家総会にご出席いただければ幸いです。

Thank you very much for inviting me to your conference on Aug. 1st at the Tokyo conference room.
8月1日付けの東京会議場で開かれる会議にご招待いただきありがとうございます。

承諾

With regard to your request to reprint the story, we would be happy to grant you permission to reprint it.
この話の転載許可について、弊社は喜んで転載することを許可いたします。

As requested, we are sending all the information related to our new product.
要求されたとおり、弊社の新製品に関する情報をお送りいたします。

情報提供

We give you the inside track on hard-to-get tickets, direct from the box office.
私どもはチケット売り場から直接手に入れることが難しいチケットを買う方法をご提示します。(inside track「内部情報」)

We can allow you a special discount of 10% on the prices quoted, for a quantity of 100 or more.

当社では 100 個以上のご注文につき、10％の特別値引きをしております。

When we receive the bill, we will transfer money to your bank account. Would you inform us of your bank account number?
請求書が届いたら、代金を銀行振り込みしますので、口座番号をお知らせください。

Please let us know what to do with the wrong item.
間違った商品をどうすべきかお知らせください。

(取引) 中止のお知らせ

Today we have to inform you that we cannot continue dealing with your company. We are terribly sorry.
大変残念ではございますが、本日御社とは取引を中止させていただきたい旨をご連絡申し上げます。誠に申し訳ございません。

We are afraid to inform you that we cannot continue purchasing from your company.
大変残念ではございますが御社とのお取引を中止させていただきたく存じます。

注文

We would like to order 100 packages of legal paper.
リーガルペーパーを 100 個注文いたします。

We would like to place an order for 100 packages of legal paper, LP505S. Each package has 500 sheets. The unit price is $4.99.
リーガルペーパー500 枚入りを 100 個注文いたします。型番は LP505S で、単価は 4 ドル 99 セントです。

We would like to order 70 boxes of hand towels, HT45D. Each box has a dozen white hand towels, and one box costs 15 dollars.
ハンドタオル 1 ダース入り 15 ドルの箱を 70 箱注文します。色は白で、型番は HT45D です。

We have received your order for 100 running shoes, SP 1000.
型番 SP1000 の運動靴 100 足の注文をいただきました。

We'll ship your order upon receipt of L/C confirmation from your designated bank.
ご指定の銀行からのお支払いが確認された後にご注文の商品を出荷いたします。

Could you please send us the item which we ordered immediately?
当社が注文したものを至急送っていただけますか。

調査を行った

We conducted a substantial hearing survey on June 10, 2009. Survey subjects were screened to a total of 1,200, all of whom were over the age of 60.
当社は2009年6月10日に大規模なヒアリング調査を実施いたしました。調査の対象として60歳以上の男女合計1,200人を選びました。

We have studied the can recycling project to create a new business in Japan.
当社では日本で新規にビジネスを起こすために缶リサイクルプロジェクトを調査しました。

通知　(「案内」「採用通知」の項もご参照ください)

We will attach the document at your request.
ご要望のあった書類を送付いたします。

We are delighted to enclose two copies of our contract.
契約書を2通送付させていただきます。

As you requested, we are enclosing our latest price list.
最新版の価格表をお送りいたします。

I would like to let you know that I have ordered the printer that you requested.
ご注文いただいたプリンターを発注いたしましたのでお知らせいたします。

The due date for payment is October 31, 2009.
お支払期限は2009年10月31日までです。

I am pleased to enclose the document which you have requested. I trust that this information will suit your needs.
ご請求いただきました資料をお送りいたします。こちらの資料で当社の商品をご理解いただけるかと存じます。

We are sorry to announce that the batteries inside the cell phones may catch fire under some circumstances.
申し訳ありませんが、携帯電話に使用されている次の電池に場合によっては発火の恐れがあることをお知らせいたします。

ビジネスレターで使える表現集

I must inform you that I have been offered another job and will be leaving Taiyo University Press.
このたび私は、他社へ移籍することになり、太陽大学出版を辞職することになりましたことをお知らせしなければなりません。

We are sorry to announce that we must raise our shipping price because of the recent increase in the price of fuel.
残念ではありますが、燃料代の上昇につき、送料を値上げいたします。

Reference is made to our scheduled meeting of June 7, 2009 at your headquarters conference room on the 8th floor, where primary discussion on our proposition for new investment would be conducted.
2009年6月7日に御社の本社8階会議室で行われる予定になっております新規融資申し込みの下打ち合わせの件でご連絡いたします。

This is in regard to invoice #12345, delivery of bookshelf from Sunset Furniture to Beacon Hill College.
伝票番号#12345のサンセット家具からビーコンヒル大学まで配達する本箱についてご連絡いたします。

I am writing to inform you that ABC Company is offering a new employee benefit plan starting Aug. 1.
8月1日から、ABC社では新たな福利厚生制度が利用できることをお知らせいたします。

This is just to remind you that your payment on invoice #0001 was due on August 1.
請求書番号0001の支払期限が8月1日であったことをお知らせいたします。

I refer to your invoice (Invoice No. NS170083) that shows an amount larger than the 2nd quotation (No. AC35803) by over 300,000 JPY.
今回御社からいただいた請求書（請求書番号NS170083）は、昨年2回目にお見積もりをいただいた見積書（AC35803）から金額が約30万円以上も上乗せされて請求されていましたのでお知らせいたします。

提案

We propose to amend the regulations of the company.
社則を改正することを提案いたします。

I would like to suggest that you consider raising your educational budget.

217

教育費を増やすようご検討いただくことを提案いたします。

May we suggest developing a smaller model of Type VS354?
VS354 型の小型版を開発してみてはいかがでしょうか。

One of the best ways to increase your profits is to increase your educational budget for employees.
御社の利益を増やす最良の方法の1つは、社員教育費を増やすことです。

One possible solution would be to open a branch in Asahikawa.
旭川に支店を出すという解決策もあります。

As there are some differences between these two parties, we propose that we should ask another party to solve this problem.
両当事者間に意見の食い違いがありましたので、相手側当事者にこの問題を解決していただくことを提案いたします。

値上げのお知らせ

Our company is announcing a price increase in shipping charges effective Aug. 1, 2009.
当社は、2009年8月1日より送料を値上げいたします。

Due to the rising cost of fuel, we will have to raise the prices by 10%.
燃料費の上昇のため、価格を10％上げる必要があります。

Because of increased production costs, it is necessary to increase prices by 10%.
製造コストが上がったため、価格を10％上げる必要があります。

The increase is necessary due to the increased shipping cost.
送料が上昇したため、値上げする必要があります。

Due to the recent appreciation of the yen, it is necessary to increase shipping costs.
最近の円高のため、送料を値上げする必要があります。

Because of the increasing higher prices of fuel, it is necessary for us to increase shipping costs.
燃料費の高騰のために、送料を値上げする必要があります。

（予定の）変更

Accordingly, I would like to propose a postponement of the said meeting by approximately two weeks.
つきましては、会議の日程を 2 週間ほど延期させていただきたく、お願いする次第です。

I would very much appreciate it if you will be kind enough to indicate a few possible rescheduled meeting dates on/after June 22.
6 月 22 日以降で御社のご都合のよろしい日を 2、3 日挙げていただければ幸いです。

I'm very sorry, but I would appreciate it if you could change the date of our meeting on Friday, January 25 due to something I must do here at the company.
大変申し訳ありませんが、1 月 25 日（金）の打ち合わせですが、会社で所用ができましたために、日にちを変更していただければ幸いです。

保管

We have retained the original for our files.
文書原本は弊社の記録用に保管いたします。

We will keep your application on file for review for one year, should a position arise.
お客様の応募書類は 1 年間保管させていただき、万一欠員が生じた際に検討させていただきます。

We would like to keep your resume on file for possible future consideration.
履歴書につきましては、将来のご縁に備えてお預かりさせていただきたく存じます。

要望

Please let us have your order as soon as possible, since supplies are limited.
出荷商品の数に限りがありますので、できるだけ早い注文をお願いいたします。

Would you send us a bill, including the handling charge, the shipping and the tax?
取扱い手数料と、送料と、消費税を足した請求書の送付をお願いします。

We would want you to send us the merchandise by the end of February.
商品は 2 月末までにご送付願います。

May I ask you to resend us an invoice with the correct amount, after due investigation at your end?
ご確認いただき、改めて正しい金額の請求書を送りなおしてください。

予定・日程

Formal personnel notices shall be dated September 10, 2009.
正式な発令は 2009 年 9 月 10 日を予定しています。

The overtime payment policy will be changed, effective October 1.
残業代の支払い方法が変更になりました。10 月 1 日をもって実施されます。

Our internal intranet server will not be accessible for the 8-day period from Monday, May 24, 2009 through Monday, May 31, 2009, during the time frame of 23:00 and 07:00 the following morning.
2009 年 5 月 24 日（月）より 5 月 31 日（月）までの 8 日間、午後 11 時より翌日の午前 7 時まで、社内イントラネットサーバが使用できなくなります。

I will pick you up at the airport, and meet you at the baggage claim area. I have also made arrangements for us to have lunch at noon.
当日、空港までお迎えにまいります。荷物引取所にてお待ち申し上げております。また、昼食の準備もさせていただきます。

理解を求める

It would be greatly appreciated if you could kindly understand this unavoidable situation.
やむを得ざるこのようなご事情をご理解いただければ幸いです。

We would greatly appreciate it if you could kindly understand this unavoidable situation.
この不可避な事態をご理解いただきますようお願い申し上げます。

We are aware of the inconveniences this stoppage may cause, but under the circumstances we call for your understanding.
機器が使用できなくなり、ご不便をおかけして申し訳ありませんが、事情をご理解ください。

連絡・問い合わせ

Thank you for your letter of Aug. 1, concerning educational programs.

8月1日付の教育プログラムに関するお問い合わせ、ありがとうございます。

Thank you for your inquiry of August 1 about our products. As you requested, we are enclosing our latest price list.
8月1日付けの弊社製品に関するお問い合わせありがとうございます。最新版の価格表をお送りいたします。

If you have any questions or inquiries, please call [call us at] 0123-4567 or send an email to businessletter@business.com.
ご質問がございましたら、0123-4567にお電話いただくか、またはbusinessletter@business.comへメールをお送りいただければと存じます。

If you have any questions or inquiries, please contact us at 81-3-1234-5678.
ご質問やお問い合わせがございましたら、81-3-1234-5678番までお電話ください。

Please direct your queries to (Mr.) Masahiro Abe.
ご質問がありましたら、担当者の阿部正弘までお問い合わせください。

For more details direct your e-mail to Mr. Takeshi Okamoto, Admin. Dept.
詳細は総務部岡本剛史までメールでお問い合わせください。

For more information about the new product, please contact Takeshi Okamoto, Administration Dept.
新しい商品についての詳しいお問い合わせは、総務部岡本剛史までご連絡ください。

あ と が き

　ハイコンテクスト社会に住む日本人にとって、あらゆる事項に白黒をはっきりつけて通信することは、場合によっては苦痛を伴うこともあります。

　あえてそれに慣れることが英語によるビジネス通信・会話に上達することと言えます。とは言え、英語が母国語でない我々ゆえ、一足飛びにこの「慣れ」の世界に入れる方は多くはおられません。

　ではこの世界に近づくため、何をなすべきでしょうか。近道も王道も見当たりませんが、着実なことは「人が書いたものを読む、よく読む」ことです。語学は積み上げることしか前進手段がありません。

　これだけ言って放り出すといかにも無責任なので「読む」ことについていくつか付け加えます。読むに当たっては、英語のネイティブスピーカーが書いた書類を優先して読みましょう。もしあなたの会社のファイルに前例としてそうした英文の書類がたくさんあるならそれは宝の山です。

　本書の第1章「論理的に英語を書く技術」にもありますように、「書き手が責任を持つ」英文ビジネス文書では、読んでもすぐに意味がわからない場合、「それは書き手が明快に書いていないのが悪い」と受け取られるのが当然のことです。ですが、読んでもすぐに意味がわからないのは、必ずしも英文の出来が不出来であったからとは限りません。ビジネス文書の構成が読み手に理解しづらいからかもしれません。たとえば、何の状況説明もなくいきなり来月から値上げさせていただきますでは、読み手は理解に苦しむでしょう。こうしたことがあるために、英文ビジネス文書は、どのように、どこまで明快に書くべきものか、模範となる例を知らねばまねもできません。

　こうした点を考慮して、本書でも具体例を数多く掲載しましたが、数には限りがあります。先人の残した実例を読み漁り、もしも「なるほど、ビジネス文書の作成パターンが見えてきた」と思えたならば、あなたはすでに「人に教えることができる」レベルに到達しています。

　監修者・著者を代表しまして、この最後の行まで読み通していただいたことに厚く御礼申し上げます。また、本書制作に当たり、アメリカ人編集者のKurt Mahoneyさんにはすべての英文をていねいに校閲していただき、日本語の訳文については翻訳家の北村明子さんにご協力いただきました。ここにお2人のお名前を記して厚く感謝する次第です。

加藤　寛

執筆者紹介

〔監修者〕
大井恭子（おおい　きょうこ）
東京大学文学部英語英米文学科卒業。ニューヨーク州立大学ストーニー・ブルック校大学院言語学科博士課程修了。文学博士（応用言語学・英語教授法）。現在、千葉大学教育学部教授。著書：『「英語モード」でライティング』（講談社インターナショナル）、『コンピューター対応 TOEFL テスト　ライティング完全制覇』（三修社）、『英語論文・レポートの書き方』（共著）（研究社出版）、『英語で書くコツ教えます』（共著）（桐原書店）、『クリティカル・シンキングと教育』（共著）（世界思想社）など。

加藤　寛（かとう　かん）
1952 年京都市生まれ。1970 年米国モンタナ州公立高校卒業。1971 年京都府立高校卒業。1975 年東京外国語大学外国語学科卒業。1975 年日本航空株式会社入社。1989 年 - 1993 年まで米国ニューヨークに赴任（4 年間）。2001 年 - 2008 年までオランダ・アムステルダム及びベルギー・ブリュッセルに赴任（7 年間）。2008 年株式会社日本航空インターナショナル退職。2008 年株式会社アクセス国際ネットワーク勤務、現在に至る。TOEIC985 点取得。

〔執筆者〕
井上幹子（いのうえ　みきこ）
神戸女学院大学文学部英文学科卒業。コロンビア大学英語教授法修士課程東京校修了。東洋英和女学院大学、昭和音楽大学、明治学院大学講師。専門はライティング、ミュージカルの英語など。1990 年アルク英語教授法論文コンテスト英語大賞受賞。著書：『高校生の就職試験 2004 年版一般常識問題集』（共著）（成美堂出版）

小野尚美（おの　なおみ）
米国州立インディア大学大学院卒業。成蹊大学文学部教授、学術博士。専門は英語教育。
・1992 — 1993 年　最優秀博士論文賞（米国州立インディア大学大学院）
・2003 年度大学英語教育学会（JACET）賞学術賞授与。（辞書・事典・データベース部門）（『応用言語学事典』2003 年 4 月 25 日発行。研究社出版。）　著書・論文に、『英語の「授業力」を高めるために　―授業分析からの提言―』（三省堂）、『言語科学の百科事典』（丸善）などがある。

加藤澄恵（かとう　すみえ）
シェフィールド大学大学院修士課程修了。専門は英語教育。国土交通省航空保安大学校英語非常勤講師、千葉大学英語非常勤講師。国際民間航空機関により実施されている英語能力試験のための英語能力の開発を専門とする。また、多くの企業でビジネス英語を教える。

ビジネスに成功する英文レターの書式と文例
プレスリリース・請求書から契約書・研究報告まで

2008年10月 1日…初版印刷	＊発行者…竹尾和臣
2008年10月14日…初版発行	＊制作者…小菅淳吉(株式会社交学社)
	＊英文校閲…Kurt Mahoney
	＊編集協力…北村明子
	＊発行所…株式会社日興企画

〒104-0045 東京都中央区築地2-2-7 日興企画ビル
[TEL]03-3543-1050 [FAX]03-3543-1288
[E-mail]book@nikko-kikaku.co.jp
[URL]http://www.nikko-kikaku.com
郵便振替＝00110-6-39370

＊監修…大井恭子
　　　　加藤　寛
＊著者…井上幹子
　　　　小野尚美
　　　　加藤澄恵

＊装幀…株式会社クリエイティブ・コンセプト
＊印刷所…シナノ印刷株式会社
＊定価…カバーに表示してあります

ISBN978-4-88877-654-7 C2082　©Kyoko OI, Kan KATO, Mikiko INOUE,
Naomi ONO, Sumie KATO 2008, Printed in Japan